江西财经大学东亿学术论丛·第一辑

中国通货膨胀动态特征

廖迎 著

China's Inflation Dynamics

 经济管理出版社
ECONOMY & MANAGEMENT PUBLISHING HOUSE

图书在版编目（CIP）数据

中国通货膨胀动态特征／廖迎著. —北京：经济管理出版社，2019.10
ISBN 978-7-5096-6340-0

Ⅰ. ①中… Ⅱ. ①廖… Ⅲ. ①通货膨胀—研究—中国 Ⅳ. ①F822.5

中国版本图书馆 CIP 数据核字（2019）第 253381 号

组稿编辑：王光艳
责任编辑：李红贤
责任印制：黄章平
责任校对：陈晓霞

出版发行：经济管理出版社
　　　　　（北京市海淀区北蜂窝 8 号中雅大厦 A 座 11 层　　100038）
网　　址：www. E-mp. com. cn
电　　话：（010）51915602
印　　刷：唐山昊达印刷有限公司
经　　销：新华书店
开　　本：720mm×1000mm /16
印　　张：10
字　　数：153 千字
版　　次：2020 年 11 月第 1 版　　2020 年 11 月第 1 次印刷
书　　号：ISBN 978-7-5096-6340-0
定　　价：68. 00 元

总　序

　　江西财经大学统计学院源于 1923 年成立的江西省立商业学校会统科。统计学专业是学校传统优势专业，拥有包括学士、硕士（含专硕）、博士和博士后流动站的完整学科平台。数量经济学是我校应用经济学下的一个二级学科，拥有硕士、博士和博士后流动站等学科平台。

　　江西财经大学统计学科是全国规模较大、发展较快的统计学科之一。1978 年、1985 年统计专业分别取得本科、硕士办学权；1997 年、2001 年、2006 年统计学科连续三次被评为省级重点学科；2002 年统计学专业被评为江西省品牌专业；2006 年统计学硕士点被评为江西省示范性硕士点，是江西省第二批研究生教育创新基地。2011 年，江西财经大学统计学院成为我国首批江西省唯一的统计学一级学科博士点授予单位；2012 年，学院获批江西省首个统计学博士后流动站。2017 年，统计学科成功入选"江西省一流学科（成长学科）"；在教育部第四轮学科评估中被评为"A-"等级，进入全国前 10% 行列。目前，统计学科是江西省高校统计学科联盟盟主单位，已形成以研究生教育为先导、本科教育为主体、国际化合作办学为补充的发展格局。

　　我们推出这套系列丛书的目的，就是展现江西财经大学统计学院发展的突出成果，呈现统计学科的前沿理论和方法。之所以以"东亿"冠名，主要是以此感谢高素梅校友及所在的东亿国际传媒给予统计学院的大力支持，在学院发展的关键时期，高素梅校友义无反顾地为我们提供了无私的帮助。丛书崇尚学术精神，坚持专业视角，客观务实，兼具科学研究性、实际应用性、参考指导性，希望能给读者以启发和帮助。

　　丛书的研究成果或结论属个人或研究团队观点，不代表单位或官方结论。书中难免存在不足之处，恳请读者批评指正。

编委会

2019 年 6 月

前　言

近年来，我国通货膨胀产生的背景和成因不断发生变化，各类通货膨胀指数表现也不尽相同。而中国经济发展目前正处于关键的转型时期，要顺利实现经济转型，必须使经济运行平稳并处在合理区间，合理区间的"上限"是防范通货膨胀，"下限"是稳增长、保就业。通货膨胀是否会突破上限？什么因素会使其产生这种结构性转变？这是摆在我们面前亟待解决的课题。由于双轨制导致的矛盾和摩擦，处于转型期的经济体很可能出现价格体系扭曲和结构性通货膨胀，那么我国价格体系内的区域或部门价格波动究竟受到什么因素的冲击？如果采取货币政策进行通胀防范，则必须厘清通货膨胀和部门价格对各种冲击的反应速度。这是货币政策是否有效的关键。

本书以转型时期的中国为背景，分析影响通货膨胀率区制转移和分类价格指数波动的各种冲击，并研究通胀率和部门价格面对这些冲击的反应速度（即通胀惯性和部门价格粘性），为政府制定有效政策提供依据。具体研究内容如下：

第一，为了对中国通货膨胀率发生区制转移的原因有足够的了解，本书尝试采用一系列单变量和多变量的马尔可夫机制转换模型，对我国通货膨胀时间序列进行结构性变化检验。首先，比较传统单变量 MS 模型与隐藏信息的时变 MS 模型（MSLI 模型）拟合通胀过程的效果，发现通货膨胀中存在隐藏信息，能为中国通胀周期的识别与预测提供信息；其次，利用包含通胀和货币供给量两个变量的多重链 MS 模型，观察货币供给所处区制状态对通胀所处区制状态的影响；最后，构建 MS-SVAR 模型，发现除了货币供给所处的区制状态之外，生产力冲击和货币政策规则变化也会影响通胀的区制变化。

第二，为了找到部门分类价格指数波动来源，用偏离份额分析法将我国区域、部门 CPI 指数波动来源分解为共同冲击、特质冲击等，并揭示这些冲击对区域、部门 CPI 指数波动的相对重要性，发现地区、部门 CPI 指数波动大部分来自特质冲击，只有占可支配收入最大比重的食品类和家用电器类价格波动来自共同冲击。

第三，为了进一步了解通货膨胀惯性的影响因素，充分考虑了中国货币供应内生机制特征，将基于泰勒规则的货币政策反应方程引入动态随机一般均衡模型中，通过比较标准 CIA 模型和货币内生 CIA 模型，求出通胀惯性的解析解和数值解，发现通胀惯性的最重要影响因素是货币供给惯性，其次是货币供给不确定性和生产力惯性，而货币政策规则变化对通胀惯性的影响程度最小。

第四，为了刻画部门价格粘性，利用因子增广型向量自回归（FAVAR）模型将中国 32 个细分部门价格指数的变动分解为"共同冲击"和"特质冲击"，描绘部门价格对共同冲击、特质冲击、数量型货币政策冲击和价格型货币政策冲击的动态调整路径及其异质性。引入中间投入品效应、劳动力市场分割效应与货币内在效用假设，产生的传导机制使 DSGE 模型能较好地匹配 FAVAR 模型得出的经验事实。结果显示，在总体冲击和货币冲击下部门价格表现粘性，而在部门特质冲击下部门价格表现弹性；在数量型调控模式下部门价格响应速度较快，且异质性程度较大，而在价格型调控模式下则相反。对于受共同冲击影响较大的产品，为了稳定价格，应该采取减小共同冲击扰动的政策；对于受特质冲击影响较大的产品，为了稳定价格，应该采取减少中间投入品、减小劳动力市场分割程度的政策。

根据上述研究结论，本书提出了一些政策建议。为防止通货膨胀突破上限，货币政策规则的稳定性至关重要，因为货币政策规则冲击相较于货币总量冲击，更容易使通货膨胀率产生结构性转变；管理好货币总量冲击惯性，是调控好通货膨胀惯性和价格粘性的关键；对于稳定部门价格而言，应该区分部门特征并采取有针对性的措施。

廖 迎

2019 年 9 月

目　录

第❶章
导　论

1.1　研究背景与意义

近年来，我国通货膨胀产生的背景和成因不断地发生变化，各类通货膨胀指数的表现也不尽相同。2004 年的通货膨胀是在粮食供给冲击和固定资产投资过猛背景下产生的，其主要特征是食品类价格大涨，而其他大类价格指数上涨的幅度较小；始于 2008 年的国际金融危机导致国内外需求全面萎缩、国际大宗商品价格迅速下降，致使我国居民消费价格指数（Consumer Price Index，CPI）各大类价格纷纷呈紧缩的态势；危机期间，在全球实施的宽松货币政策和国内投资需求旺盛的宏观经济背景下，我国在 2010 年后再次出现较为严重的通货膨胀。是什么因素导致通货膨胀分类指数上涨，但上涨幅度和上涨时间不一致？

中国经济发展正处于关键的转型时期，经济发展已经从快速增长阶段进入到提质增效阶段，转型的主要内容是使市场在资源配置中起决定性作用。相比于俄罗斯与东欧各国的激进式转型，中国采取的是更温和的渐进式转型，即在尽可能不引起社会震荡的前提下循序渐进地实现转型的目标。但是转型的渐进性使旧体制的瓦解和新体制的形成需要一个较长的过渡时间，这导致中国在很长一段时间内同时存在两种经济体制，经济运行规则也普遍存在双轨制。由于双轨制存在导致的矛盾和摩擦，处于转型期的经济体很可能出现价格体系扭曲和结构性通胀。

从国内外实践来看，经济运行出现一定波动，有客观必然性。宏观调控的主要目的就是要避免经济大起大落，使经济运行保持在合理区间，特别是在经济转型时期。合理区间"下限"就是稳增长、保就业，"上限"就是防范通货膨胀。当经济运行逼近上、下限时，宏观政策要侧重稳增长或防通胀，与调结构、促改革的中长期措施相结合，使经济运行保持在合理区间。通货膨胀是否会突破"上限"，什么因素会使其产生这种结构性转变？这是为了制定有效宏观政策，摆在我们面前亟待解决的课题。

各种外生冲击、货币政策的类型与政策制定的规则以及试图用货币政策刺激经济的政策导向，都有可能是我国通货膨胀出现区制转移的重要原因。我国近20年来采用的是相机抉择的货币政策，随着经济与金融环境发生变化，无论是货币数量还是货币规则都有可能发生结构性改变。中国自2010年以来，综合运用数量型和价格型货币政策工具，既通过严格控制货币供应量的超常规增长，又根据物价形势的变化在2010年10月至2011年7月连续5次上调利率。在中国经济面临的转型期中，货币规则的变化是有助于熨平通货膨胀波动，还是起到了相反的作用？包括货币政策在内的各种宏观经济冲击对通货膨胀波动产生的效应也不尽相同。采取的宏观政策是否能及时、有效地将效应传递给通货膨胀？

在通货膨胀指数中两个重要的指数是居民消费价格指数（CPI）和生产者价格指数（PPI），其中居民消费价格指数由八个大类组成，生产者价格指数由41个行业大类组成，存在着显著的部门异质性差别。由于包括货币政策在内的宏观经济冲击会对各大类指数的波动产生不同的效应，而各大类自身的供求因素也会对各大类的波动产生不尽相同的影响。采取防范通胀的经济政策是否对所有部门价格的影响及时且有效？

防范通货膨胀，以保证经济转型顺利进行，一方面需要进一步地推进体制改革，另一方面应该对转型期通货膨胀动态特征有充分的了解，并施以相应的经济政策。本书重点不是阐述转型期体制问题，而是专注于从宏观政策的角度研究如何在中短期内实现物价的平稳。因此，本书从通货膨胀总量和通胀分类指数两个方面研究经济转型期我国通货膨胀动态问题，不仅能够加深我们对通货膨胀动态路径的认识，更好地识别引起通货膨胀的冲击来源，采取及时、有效的宏观经济政策以达到防范

通货膨胀的目的，具有非常重要的理论意义；同时它还能为政府部门解决结构失衡难题、实现经济转型提供丰富的市场信息，具有很强的现实意义和应用价值。

1.2　基本内容与逻辑结构

根据近年来我国总体通胀高企与结构性通胀并存的现象，本书试图解析转型期中国通货膨胀总量和通胀分类指数的动态特征及其影响因素。本书的逻辑结构与研究方法如图 1.1 所示。

第一，对国内外关于通胀动态的文献进行系统回顾和总结，首先从总体通货膨胀动态开始，其次阐述分类价格通货动态，再次阐述货币政策目标规则的演进，最后对文献做一个简要评述。

第二，为了探求通货膨胀总体动态路径及其形成原因，运用 Markov Switching 模型族对通货膨胀非线性进行检验，分析在通胀冲击、宏观经济冲击、货币总量冲击以及货币政策规则变化冲击下，通胀过程发生区制转移的动态过程，探索通胀产生区制转移的原因。

第三，利用偏离—份额分析法将中、东、西部八个子类的 CPI 指数变动分解为共同成分、区域成分、部门成分以及特质成分，比较这几种成分在对子分类 CPI 指数波动冲击时的相对重要性，并用方差分解进行刻画。

第四，为了能制定防范通胀的科学、有效政策，必须了解通货膨胀面对政策冲击的反应速度。对我国通货膨胀惯性进行动态模拟，揭示宏观经济冲击、货币总量冲击以及货币政策规则变化冲击对通胀惯性的影响程度。

第五，为了制定能有效平稳物价的政策，则需深入了解部门价格对各种冲击的反应速度。本书利用动态因子模型将中国 32 个细分部门价格指数的变动分解成共同成分和特质成分，并获取价格变动对数量型货币政策冲击与价格型货币政策冲击的脉冲响应函数。同时构建 DSGE 模型模拟价格变动对上述冲击的响应，深入探索价格粘性的微观基础。

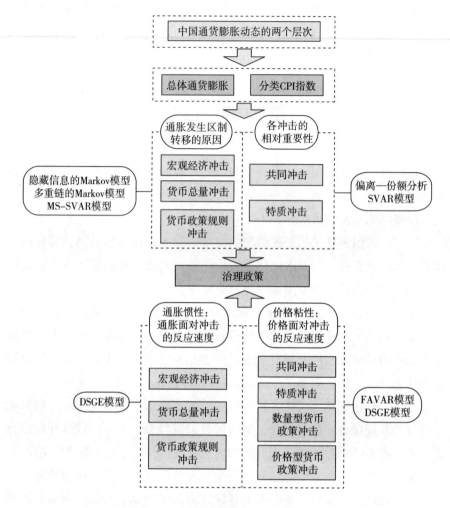

图 1.1　本书的逻辑结构与研究方法

1.3　特色与创新

第一，为了对中国通胀波动路径的动态特征有足够的了解，本书尝试采用一系列单变量和多变量的 Markov Switching 模型，对我国通胀时序进行结构性变化检验。首先，比较传统单变量 MS 模型与隐藏信息的时变 MS 模

型（MSLI 模型）拟合通胀过程的效果，探索通货膨胀中是否还存在隐藏信息，为中国通胀周期的识别与预测提供信息；其次，利用包含通胀和货币供给量两个变量的多重链 MS 模型，观察货币供给所处的区制状态对通胀所处的区制状态的影响；最后，构建 MS-SVAR 模型，研究除了货币供给变化之外，货币政策规则变化是否会影响到通胀的区制变化。研究发现，这一系列的 MS 模型对于中国通胀数据的研究比较合适，并可以从中得到一些有用的信息，该部分的研究也是对 MS 模型应用文献的补充。

第二，本书采用的偏离—份额分析不同于国内其他文献对此方法的应用。传统的偏离—份额模型用于分析地区增长相对于全国平均水平的偏离状况，一般采用的是静态分析，即只能分析某一个时间点的情况。而本书将偏离—份额分析拓展到时间序列领域，与结构向量自回归（SVAR）模型相结合，不仅可以很好地观察到影响区域、部门 CPI 指数波动因素的动态过程，又为相关文献在该模型应用方面提供了必要的补充。

第三，已有文献证明中国通胀具有一定的惯性，目前的相关研究主要集中于惯性的估算和惯性变化特征的解释等方面，对其形成根源的研究甚少，而本书尝试采用 DSGE 模型从货币供给惯性角度进行初步解释。为了充分考虑中国货币供应内生机制的特征，引入基于泰勒规则的货币政策反应方程。另外，为提高参数估计结果的可信度，采用贝叶斯方法估计部分关键参数和待检验参数，再根据这些参数求解出通货膨胀动态路径，最后分析通胀惯性的生成原因。

第四，关于中国价格粘性及其异质性的研究还不多。本书应用 FAVAR 模型以及包含多个部门的 DSGE 模型研究不同部门的价格在面临各种冲击时粘性的变化，挖掘 DSGE 模型模拟与 FAVAR 模型估计的经验事实相吻合的原因。在构建新凯恩斯一般均衡模型时，考虑我国消费者消费偏好的特点，引入货币内在效用假设，同时为了更贴近我国经济事实，引入多部门、中间产品生产、劳动力市场分割以及货币内生等假设。

第❷章
国内外文献综述

根据国内外现有文献资料来看，对于中国通货膨胀动态问题，有的学者是从总体通货膨胀角度来认识其动态特征，比如通胀波动的周期性、非线性、通胀惯性；有的学者是从分类价格指数的角度来理解通胀动态，比如分类价格的通胀惯性、分类价格粘性。他们研究的通胀动态具体内容也不完全一致，多数学者是基于通胀特征形成机制来研究通胀动态，当然还有部分学者是基于总体冲击、特质冲击对部门通货膨胀的影响程度等方面来研究通胀动态。总之，学者们对中国通货膨胀动态问题所做的工作和努力，为本书提供了良好的借鉴和思路。因此我们有必要在这里做一个简要的回顾。

2.1　总体通货膨胀动态

2.1.1　通货膨胀周期与状态的划分

Artis、Bladen-Hovell、Osborn、Smith 和 Zhang（1995）研究了英国的通货膨胀周期，并归纳了通货膨胀周期划分的三个标准：①波峰与波谷相间；②上升或下降的持续期至少要有 9 个月；③两个相邻区间的极值被定义为转折点。张成思（2009a）采用此标准对我国改革开放以来的通货膨胀进行了周期划分，将 1978~2008 年中国通货膨胀的动态路径分为 8 个周期。许宪春（2009）发现，改革开放以来，我国经济增长和通货膨胀表现出明显的周期性特征，经济增长周期与通货膨胀周期之间表现出明显的内在联系。张凌翔和张晓峒（2011）将我国通货膨胀率波动划分为通货紧缩、通缩恢复、温和通胀以及严重通胀四个阶段。张屹山和张代强（2008）将我国通货膨胀率划分为加速通胀状态和减速通胀状态。沈利生（2009）也认为，改革开放以来，中国的经济增长与通货膨胀之间存在着周期性联合运动，在四个经济周期中存在着相似的周期运动环，其变化顺序反映了我国经济体制的转型过程。

2.1.2 通货膨胀动态特征形成机制

（1）通货膨胀动态特征。近些年来，计量经济学家们开始尝试采用非线性模型来研究通胀率的动态特征。如 Enders 和 Hurn（2002）采用门限自回归模型（Threshold Autoregressive Model）研究通胀率的动态特性；Bidarkota（2001）与 Binner、Elger、Nilsson 和 Tepper（2006）采用马尔可夫区制转移模型研究通胀率的动态特性；Arghyrou、Martin 和 Milas（2005）与 Nobay、Paya 和 Peel（2010）则采用另外一种非线性模型，平滑转移自回归模型（STAR），来研究通胀率的动态特性。我国学者更多地使用非线性模型来研究通胀率的动态特性。王少平和彭方平（2006）使用两区制的STAR 模型研究了我国 1952~2004 年的通胀率，研究结果表明，我国通胀率具有明显的非线性调整机制，通货膨胀与通货紧缩相互转移的临界水平为 3.3%；张屹山和张代强（2008）使用门限自回归模型的研究结果表明：我国通胀率变化可以划分为加速通胀与减速通胀两种状态，并且两种状态均具有很高的持续性；赵留彦、王一鸣和蔡婧（2005）与龙如银、郑挺国和云航（2005）使用两区制马尔可夫转移模型研究了我国高水平通胀与低水平通胀的非线性转移特性；刘金全、隋建利和闫超（2009）则使用马尔可夫转移模型将我国通胀率变动划分为三个区制：通货膨胀区制、通货紧缩区制以及通货变化适中区制，其研究结果也表明，通胀率在每个区制下都具有较高持续性。

（2）通货膨胀传导机制。Weinhagen（2005）与 Frey 和 Manera（2005）认为，当特定的外生冲击造成 CPI 不断攀升的时候，市场对未来的预期可能会显著影响原材料以及工业产品等的定价，从而形成下游价格倒逼上游价格上涨的情况。张成思（2010）认为，我国上、中、下游价格存在长期

均衡关系，并且上、中游价格对下游价格具有显著动态传递效应，另外，货币因素对上游价格的动态驱动效果最为显著。赵进文和丁林涛（2013）发现，流动性过剩、股票价格、产出缺口、国际油价、实际有效汇率和房价分别将通货膨胀分为高低两种区制状态。以上结果有利于我们更好地认识通货膨胀的反应机制，采用合理的经济政策应对通货膨胀。

2.1.3　通货膨胀周期阶段治理

张凌翔和张晓峒（2011）认为，冲击对通胀率系统不具有持久性影响，正向冲击与负向冲击的影响具有非对称特征；调控通货紧缩与调控温和通胀的政策发挥效力最长时间均为 24 个月，而调控严重通胀的政策发挥效力最长时间为 12 个月。张成思（2009b）对 2008 年以后中国宏观政策的取向进行评价，提出在新形势下我国宏观政策调控的策略，应该从偏重于"抑制通胀"转变为"抑制通胀与防止衰退"并重。王少平和彭方平（2006）的研究结果表明，我国通货膨胀具有显著的非线性调节，具有整体稳定性和局部非稳定性，我国货币政策具有总体有效性和相机适宜性。

2.1.4　通货膨胀惯性

通货膨胀的动态特征尤其是通货膨胀惯性受到研究者与货币当局越来越多的关注。通货膨胀惯性衡量的是在受到随机扰动因素冲击后偏离均衡状态的趋势所持续的时间，惯性程度决定了通货膨胀对货币政策变化的反应速度。一般而言，通胀惯性越大，通胀持续时间越长，则治理通货膨胀的成本越高。Fuhrer（2006）认为，通货膨胀惯性来源于两个方面：一方面是外部冲击，具有惯性的外部冲击通过传导机制将惯性传递给通货膨胀；另一方面是模型的设定机制，比如通胀具有后顾行为，使通货膨胀具有内在惯性。通胀惯性受到货币政策系统性变化的影响。Fuhrer 和 Moore（1995）证明了在前瞻行为模型中，货币政策会随着通货膨胀与产出的变化进行调整，这意味着货币政策会随着产出与通货膨胀的惯性发生变化。

针对中国通货膨胀惯性形成原因的深入研究相对较少。刘金全和隋建利（2010）将货币供给方程中各变量的时变参数条件方差定义为货币政

系统性冲击引发的货币供给不确定性。国内研究通货膨胀惯性问题的文献（王君斌，2010；王君斌、郭新强和蔡建波，2011；张成思，2008，2009b；张屹山和张代强，2008）主要致力于对通货膨胀惯性程度的计量以及内生结构变化的检验，缺乏对通胀惯性形成机制进行深入的理论分析。胡军、郭峰和龙硕（2013）发现，在影响当期通胀水平上，通胀惯性明显占优于通胀预期，治理通胀必须承受必要代价。

2.2　分类价格通胀动态

2.2.1　分类价格上涨的原因

近年来，我国通货膨胀产生的背景和成因不断地发生变化，CPI 各大类价格指数的表现也不尽相同，受到较多关注的是食品价格和房地产价格。

张文朗和罗得恩（2010）认为，我国食品价格上涨不是来自自然灾害，而是来自需求压力，但未对非食品价格造成明显的"二轮效应"。王振霞（2011）发现，我国食品价格上涨在很大程度上是经济增长和城市化进程的特征之一，是多种因素综合作用的结果，应该建立稳定食品价格的长效机制，要立足于保障食品有效供给。赵昕东和汪勇（2013）认为，低收入家庭在面临食品价格上涨时表现出脆弱性，而高收入家庭则不会。Alagidede、Coleman 和 Cuestas（2012）与 Coleman（2012）认为，通货膨胀惯性会造成社会福利减少的后果，利用 ARFIMA 过程研究食品和非食品的通货膨胀惯性后发现，不同部门的通货膨胀过程也不相同，这意味着人们会把收入中较大的部分用在通货膨胀惯性的时期。

Goodhart 和 Hofmann（2000）通过对 12 个国家的 CPI 和通货膨胀的时间序列进行分析发现，在预测未来的通货膨胀时房地产价格相比股票价格是一个更好的指示器，而未来需求状况和膨胀指数也受到汇率、房地产以及股票价格的影响。此外，货币供应、流动性过剩、利率等宏观变量与房地产价格之间即使不存在因果关系，也会因为共同的影响因素而呈

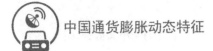

现相关性。徐忠、张雪春和邹传伟（2012）发现，我国的房价除了取决于供求力量之外，还受人口结构、财税制度和土地供应制度等因素的影响。杜莉、沈建光和潘春阳（2013）认为，房价上升主要通过"财富效应""流动性约束效应"以及"替代效应"三大机制对居民消费产生促进或抑制作用。刘嘉毅（2013）基于中国经济转型的特征，利用省级面板数据研究发现，房价上涨会拉大城乡收入差距，地区经济发展会削弱房价对城乡收入差距的影响，经济转型特征变量在房价与城乡收入差距之间的调节作用有差异。

2.2.2　共同冲击、特质冲击和分类通胀

CPI 的八大类价格指数全面上涨，但上涨幅度和上涨时间并不一致。用经济理论解释上述现象，包括货币政策在内的宏观经济基本条件会对各大类波动产生不同效应，而各大类自身的供求因素也会对各大类的波动产生不尽相同的影响。Bernanke、Boivin 和 Eliasz（2005）构建 FAVAR 模型高维的宏观经济信息集，并且从中提取少量的因子，即宏观共同因子，用于反映不同时期宏观经济的基本条件，使用宏观因子建立 VAR 即 FAVAR模型，从而有效地弥补了 VAR 模型不能选取过多变量、不能区分共同冲击和特质冲击的缺陷。从相关文献来看，Sargent 和 Sims（1977）的实证结果表明，动态因子由于包含丰富的宏观经济信息，能够解释产出、价格等重要变量的大部分方差。Boivin、Giannoni 和 Mihov（2009）基于 FAVAR 模型及其脉冲响应函数研究了分类通胀的粘性特征，确认了 FAVAR 模型分析分类通胀的准确性。Reis 和 Watson（2010）基于因子模型分析了宏观冲击对美国通胀总指数和分类通胀的方差贡献；类似地，Foerster、Sarte 和Watson（2008）考察了宏观冲击对美国产出指数方差逐渐降低的重要贡献。

国内分析分类通胀的文献较少：张成思（2009c）基于 VAR 模型描述了我国 CPI 八大类的惯性以及货币政策的动态效应发现，货币政策冲击对CPI 各大类的效应大多不显著。王少平、朱满洲和胡朔商（2012）建立因子增广的向量自回归模型（FAVAR），根据估计结果计算我国 CPI 的共同成分，并且揭示共同冲击效应。王少平、朱满洲和程海星（2012）将我国

CPI 的八大类分解为共同成分与特质成分，并根据宏观因子组成的 VAR 识别货币政策冲击的动态效应。杜海韬和邓翔（2013）利用动态因子模型将细分部门价格指数的变动分解为共同成分和特质成分，解析通货膨胀在部门和总量层次上的动态特征。

2.2.3 部门通货膨胀治理

有些学者认为，治理部门通货膨胀应该执行有针对性的政策。Aoki（2001）从理论上比较弹性价格部门与粘性价格部门对相对价格变动的反应认为，央行应该盯住粘性价格部门的通货膨胀。彭兴韵（2009）认为，在结构性价格变动引起通胀率上升的情况下，政府为稳定物价指数而采取的宏观调控，应当充分考虑到它对福利效应的影响，应当对引起物价指数上涨的冲击来源加以更好的识别，采取有针对性的宏观经济政策达到稳定物价水平的目的。顾标和周纪恩（2010）发现，货币政策存在着明显的相对价格效应，认为中央银行应当关注相对价格的变化。另外一些学者持相反意见。黄志刚（2010）认为，对部分商品实施价格管制不是治理通货膨胀的有效手段（尽管这一手段短期内能抑制价格总水平的快速上涨），控制货币量才是最根本的解决之道。在货币量快速增长的条件下，价格管制只能导致非管制商品的价格更剧烈上升，从而使结构不平衡问题更加严重。

2.2.4 部门价格粘性

致力于商品批发零售价格的研究发现，商品价格通常会保持数月不变（Carlton，1986；Cecchetti，1986；Kackmeister，2007；Kashyap，1995；Levy、Bergen、Dutta 和 Venable，1997；MacDonald 和 Aaronson，2000）。Blinder（1998）对厂商进行调查后得出产品价格一般会维持数月不变的结论。因此，许多宏观经济模型（Christiano、Eichenbaum 和 Evans，2005；Rotemberg 和 Woodford，1997；Smets 和 Wouters，2007；Woodford，2009），包括用于政策分析的模型，纷纷引入价格粘性的假设以捕捉宏观经济数据的许多特征，尤其是货币政策冲击对价格的持久性效应。

目前的文献都是以发达国家为研究对象，很少有专门针对发展中国家

的研究。大部分学者局限于存在价格粘性假设的新凯恩斯主义模型在中国经济中的应用（胡志鹏，2012；李成、马文涛和王彬，2011；王文甫，2010；薛鹤翔，2010；Zhang，2009），而对我国价格粘性及其异质性的研究还不多。渠慎宁、吴利学和夏杰长（2012）通过考察中国居民消费通货膨胀的特征事实发现，其存在一定程度的价格粘性现象。杜海韬和邓翔（2013）运用结构动态因子模型对中国部门价格指数的变动进行分解，估计了共同冲击和特质冲击在解释部门价格和总量价格粘性时的相对重要性。

2.3　货币政策目标规则的演进

货币政策目标规则发生系统性变化带来的冲击会使通货膨胀率发生非线性变化。常见的货币政策规则有 Friedman 规则、盯住货币供应量规则、盯住通货膨胀率的规则和盯住名义 GDP 增长率的规则（刘斌，2008a）。

Friedman 规则是 Friedman（1969）从福利的角度研究和探讨最优货币政策的选择，该研究认为，中央银行最优的货币量选择应该使名义利率为零。如果实际利率为正，则要求中央银行实行持续的货币紧缩政策，最终使名义利率等于零。然而，这一结论自提出以来就一直受到争议。特别是，Phelps（1973）指出，如果将通货膨胀收益看作是政府的一个税收，Friedman 规则确定的稳态通货膨胀率并不是最优的。另外，从实际情况来看，名义利率为零导致的流动性陷阱结果，也是中央银行不愿意看到的情形。因而，Friedman 规则实际上从来没有被各国央行使用过。

盯住货币供应量的规则在各国中央银行已经使用了很长的一段时间。这与各国央行采用货币供应量作为中介目标的体制是密切相关的。如果中央银行能够完全控制货币供应量，那么中央银行应该选择合适的货币政策工具使货币供应量增长率达到期望的目标值。如果中央银行并不能完全控制货币供应量，那么中央银行应选择合适的货币政策工具使货币供应量增长率在控制区间达到期望的目标值。但是欧洲央行体系在逐渐淡化该规则的使用，主要原因：随着金融工具和体制的创新，货币供应量的度量口径不断发生变化，测量发生困难；货币供应量所反映的信息比较有限；货币

供应量与最终目标的关系没有原来那么密切，稳定性越来越差；货币供应量的可控性越来越差。

盯住通货膨胀率的规则是中央银行非常关注的，是在发达国家应用也比较广泛的一种目标规则。从实际效果来看，盯住通货膨胀率的货币政策体制在稳定经济方面已经取得了显著效果，采用该体制的国家不仅保持了产出的平稳增长，而且使长期以来居高不下的通货膨胀率控制在合理的水平。该规则结合了货币政策规则与相机抉择两种决策模式的优点，因而是一种相机抉择性的规则。但是盯住通货膨胀率的规则毕竟比纯粹的相机抉择前进了一大步，它在很大程度上约束了中央银行的机会主义行为。

对于盯住物价水平为目标的规则，1898年Wicksell在其著作《利率和物价》中已经做出了一些基本描述。与盯住通货膨胀率的目标规则相比，盯住物价水平的目标规则在保持产出稳定的同时，还可以完全消除静态的通货膨胀偏差，并且在一定的条件下可以进一步降低通货膨胀率的波动性。Woodford（2003）在考虑前瞻性模型时得到了同样的结论。

盯住名义GDP增长率的规则和其他规则常常被放在一起讨论，比如根据通货膨胀率、产出以及经济中的其他因素调整利率或者基础货币，而不是仅仅根据名义GDP与其目标制的偏差进行调整。这些研究讨论的焦点在于，中央银行在调整货币政策工具的时候，对产出和通货膨胀率的关注程度是否应该等同权重。

20世纪90年代以来，经济学界在经历多年争论之后，在宏观经济理论与货币政策领域达成了一些"新共识"，即金融体系对宏观经济的运行具有不可忽略的重要影响。持"新共识"的经济学家们强调了通货膨胀对经济运行的负面效应，主张"优先控制通货膨胀"。当然，执行货币政策并非简单表达"我们要控制通货膨胀"的意愿，在某些时候，必须将这个抽象的目标具体化、数量化，即设定一个"锚"。事实上，即使人们对政策目标的大方向已经达成一致，但对于不同的政策工具会带来不同的收益与成本，人们的认识与实践依然不同。

除了需要设定最优通胀作为货币政策的主要目标以及将央行向银行体系提供流动性时的利率水平作为政策工具，"新共识"认为剩下的问题则集中在通胀偏差以及如何消除这种现象，由于执行相机抉择政策存在技术

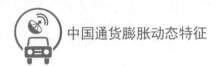

性困难，目前大家的共识是制定固定的政策规则。

2.4 简要评述

回顾上述国内外参考文献，对于中国通货膨胀动态问题，学者们已经进行了较为深入的分析和细致的研究，他们考查的范围具体到特定的国家、地区、价格分类，甚至是单个产品，可以将研究大概分为两类：总体通胀和分类价格指数通胀。在总体通胀动态方面，学者们划分了通货膨胀周期与状态，发现通货膨胀率存在非线性特征，进而研究存在非线性特征的原因，还分析了通货膨胀惯性、通货膨胀传导机制，在此基础上对通货膨胀周期阶段治理提出许多建设性的意见；在分类价格通胀方面，分析了分类价格上涨的原因，研究了共同冲击、特质冲击对分类通胀的影响，有些将通货膨胀指数按照部门细分，研究各个部门价格的粘性，还有些致力于部门通货膨胀治理；研究的方法有理论推导、计量模型、博弈分析等；有的文章使用的数据来源于经济统计数据库，有的则来源于互联网中对各个商品价格的数据挖掘；应该说这些丰富、翔实的资料，对于我们后续工作的展开和本书的撰写，是有相当的指导性建议的。

与此同时，在归纳和总结上述国内外相关研究的时候，我们也看到了现有成果有以下一些不足之处：

第一，关于中国通货膨胀动态的问题，多数学者仅仅对通货膨胀总体动态进行研究，或者只对通胀分类价格动态进行研究。但是中国作为一个"转型与发展中大国"，其通货膨胀问题既有总量问题也有结构问题。当前，中国面临着多方面发展失衡的挑战，如果只从某一个角度阐述中国通货膨胀的动态问题往往难以找到通胀的症结所在。

第二，很多文献的研究仅局限于外部冲击对通胀动态的影响，有关内生货币政策规则的资料比较少。而我国正处于经济转型期，外部环境发生了变化，内生的货币政策目标规则也发生了变化，内生的货币政策目标规则发生变化对通货膨胀状态有何影响，这个问题国内的文献还鲜见，值得进一步研究。所以只研究外部冲击得出的结论在精确度和可靠性方面难免

有所欠缺，其研究成果对实践的指导意义不大。

第三，关于通货膨胀率结构性转变的研究，虽然有若干代表性观点，对其动态特征及形成机制方面的研究还未能充分挖掘。很多论文以研究通胀率本身的非线性为主，大多没有考虑外部因素冲击的影响，即使有，也忽略了外部因素的变化也存在非线性的事实。这在经济发生结构性转变、经济体制改革不断深化的今天，实在难以刻画通货膨胀率的非线性随时间推移而发生的变化。另外，由于强调采取的宏观政策将政策效应传递给通货膨胀的及时性和有效性，所以还应该研究通胀对于这些宏观冲击的反应速度，即通胀惯性。针对中国通货膨胀惯性形成原因的深入研究相对较少。

第四，如何分解宏观和特质冲击对通货膨胀指数各大类的影响，如何揭示宏观和特质冲击的效应，是宏观计量经济学的一个新的研究方向。相对于国外丰富的理论和实证研究，国内相关问题的研究还没有充分展开。

综上所述，为了尽量考虑外部因素和内生因素可能发生结构性变化对通胀的影响，避免仅限于通货膨胀率本身的研究，本书通过多个马尔可夫转移模型，认真比较了在没有外生解释变量、有多个外生解释变量存在马尔可夫转移、内生变量存在马尔可夫转移的情况下，模型对通货膨胀率马尔可夫转移的拟合程度，从而为我国通胀发生区制转移寻找合理的解释；本书除了比较宏观冲击和特质冲击对价格波动的相对重要性，还探索了宏观和特质冲击给分类价格动态带来的异质性变化；另外，构建了具有微观基础的 DSGE 模型，将研究扩展到宏观和特质冲击对于形成部门价格粘性的传导机制，不同的货币政策工具对部门价格动态的影响如何也有待研究。

本书较多内容采用了 DSGE 模型，这是由于 DSGE 模型强调数量分析（Quantitative Analysis），通过估计（Estimation）与模型校准（Calibration），使理论模型可以使用实际的时间序列数据进行估计，一方面可以判别模型的良莠，另一方面通过数量分析结果的呈现，进一步提供对未来经济变量的预测。此外，模型中具有微观基础的最优化决策，不但可以免于卢卡斯批判（Lucas Critique），使政策实验（Policy Experiment）较为精确，不会因预期的改变影响政策分析结论。所以可以根据 DSGE 模型的优点，应用 DSGE 模型研究通货膨胀惯性和部门价格粘性及其形成原因。

希望通过以上这些努力，能够更加清晰和直观地展现中国通货膨胀动态的问题。

第❸章
中国通货膨胀波动路径的动态特征

由于我国经济发展过程中伴随着比较显著的价格水平变化，有些时期出现了显著的通货膨胀，而有些时期出现了轻微的通货紧缩，这意味着我国通货膨胀率变化路径中很可能出现了显著的结构性转变。在本章中，首先将我国 1990~2012 年的通货膨胀周期划分为五个阶段，并分析其波动原因；其次，为了描述和分析通货膨胀路径的动态属性，先用隐藏信息的时变马尔可夫转换模型考察我国通货膨胀波动路径是否存在马尔可夫区制转移，再考虑货币供给过程与通货膨胀过程服从的马尔可夫过程可能不同步的情况，考察货币供给冲击对通货膨胀的影响。

3.1　1990 年以来我国通货膨胀动态走势

本节根据中经网数据库上公布的数据，考察 1990 年 1 月至 2012 年 10 月我国居民消费价格指数（CPI）月度数据的周期性变化特征（见图 3.1）。

第一阶段：1992~1997 年。这次通货膨胀周期是改革开放以来持续时间最长、通货膨胀程度最严重的一次，其中 1992~1996 年底通货膨胀率都高达 5% 以上。这段时间国内外环境发生了重大变化：非国有经济迅速发展，大部分商品和生产要素的价格已被放开，市场机制对经济的调节作用越来越大，外汇制度发生较大变化。在货币政策的应对上，1993~1995年，央行均实施适度从紧的货币政策，1995 年之后实施盯住美元的固定汇率制度，1996 年底收到明显成效，通货膨胀得到控制，国民经济实现"软

居民消费价格指数（上年=100）_当月

图3.1　1990年1月至2012年10月中国CPI通胀率

着陆"，但是政策效果的时滞效应相当显著。

第二阶段：1998~2002年。这段时间，我国的通货膨胀基本被控制在一个相对较低的水平，甚至一度出现通货紧缩的情况。在这段时期，担心持续的通货紧缩会给经济发展带来负面影响，因而，1998~2002年均采取"积极的"财政政策和以放松银根为主的"稳健的"货币政策以刺激经济。虽然采取扩张性政策，再加上油价波动和粮价上涨等外部冲击，但我国的通货膨胀水平仍处于温和状态。

第三阶段：2003~2006年。这段时间中国经历了21世纪第一轮明显的通货膨胀，但通胀率基本在5%以下，特点是物价上涨呈现鲜明的层次性和结构性，尤其是房地产等资产价格的上涨。经济运行出现了明显的"过热"势头，而我国经济正处于经济周期的复苏阶段向繁荣阶段过渡的转折点上。当时的国内背景是出现了地方政府主导下的投资增长，这段时间以后持续的资产价格膨胀带动的"非理性繁荣"是2007~2008年通胀高企的重要原因之一。在政策应对上，宏观经济政策没有从扩张型转向紧缩型。

第四阶段：2007~2009年。中国从2007年下半年开始了新一轮通货膨胀。这一时期的国内外环境是双顺差导致基础货币投放过多、股市虚高、食品价格上涨、国际大宗商品价格暴涨。这段时期的应对政策是紧缩型货币政策，央行连续多次上调存款准备金和利率，并大力发行央行票据回笼流动性，但货币政策是适应性而不是预防性的。到2008年下半年情况发生急转变化：中国经济出现衰退迹象，美国发生次贷危机，股市、房市泡沫破灭。为了紧急应对，中国实施了"4万亿投资"计划和货币投放的"超常规增长",这两个原因导致这段时期通货膨胀压力较大。

第五阶段:2010~2012年。在此期间,除了2011年通货膨胀一度超过5%之外,其余时期通货膨胀均在较温和的状态。这段时期的国内外情况是,美国为了刺激经济实施了三次量化宽松货币政策。中国自2010年以来,综合运用数量型和价格型货币政策工具,既通过严格控制货币供应量的超常规增长,又根据物价形势的变化于2010年10月至2011年7月连续5次上调利率,并通过房市调控、稳定食品价格等方式控制住了通货膨胀。

通过以上的分析,我们可以得出这样的结论:1990~2012年中国通货膨胀的波动过程是不平稳的,其变化路径很可能出现了显著的结构性转变;同时,对于货币政策,无论是在货币总量上还是在货币规则上都有可能发生结构性改变。

3.2 基于隐藏信息的时变马尔可夫区制转移模型分析

3.2.1 模型介绍

Otranto(2008)提出隐藏信息的时变马尔可夫转换模型(Time Varying Hidden Markov Switching Model with Latent Information, MSLI)。该模型是在状态空间模型的框架下修正 Lam(1990)的模型。Lam(1990)将两区制马尔可夫转换模型(Hamilton, 1989)一般化。在 Hamilton(1989)的模型中,所有的外生冲击皆为永久性的,而且不对称性是表现在产出增长率上。而 Lam(1990)模型同时考虑了永久性(Permanent)外生冲击和暂时性(Transitory)外生冲击,经济周期的不对称性只出现在产出的永久性部分。

Hamilton(1989)的马尔可夫转换模型可以用以下形式表示:

$$y_t = n_t + z_t \tag{3.1}$$

$$n_t = n_{t-1} + \mu_{S_t} \tag{3.2}$$

$$\psi(L)z_t = w_t \tag{3.3}$$

$$\Pr[S_t = 1 \mid S_{t-1} = 1] = p_{11}, \quad \Pr[S_t = 2 \mid S_{t-1} = 2] = p_{22},$$

$$\Pr[S_t = 2 \mid S_{t-1} = 1] = 1 - p_{11}, \quad \Pr[S_t = 1 \mid S_{t-1} = 2] = 1 - p_{22}, \tag{3.4}$$

变量 y_t 可以分解为随机项或永久性部分（Stochastic or Permanent Component，用 n_t 表示）以及自回归项或暂时性成分（Autoregressive or Transitory Component，用 z_t 表示）。其中随机项部分的漂移项 μ_{S_t} 具有马尔可夫转换的机制；自回归项部分的滞后项用多项式 $\psi(L)$ 表示，w_t 是均值为 0、方差为 σ^2 的白噪声。在这个模型中，假设通货膨胀率的变化过程中可能存在双区制，即"低通胀区制"与"高通胀区制"，并认为模型中的参数都是可变的，由不可观测的状态变量 S_t 控制。假设状态变量 S_t 受到一个一阶马尔可夫链的影响，如式（3.4）所示，$S_t = 1$ 表示经济处于"低通胀区制"，$S_t = 2$ 表示经济处于"高通胀区制"。

Hamilton（1989）假设自回归项部分与随机项部分一样具有单位根，因此 y_t 的一阶差分可以表示为均值为 μ_{S_t}、具有马尔可夫转换的自回归模型。Lam（1990）的模型则是假设多项式 $\psi(L)$ 的特征根均位于单位圆之外，即自回归项部分不具有单位根，因而式（3.1）的一阶差分可以表示为：

$$\Delta y_t = \mu_{S_t} + (z_t - z_{t-1}) \tag{3.5}$$

在此假设下，变量 n_t 为 y_t 的长期趋势项，而 z_t 为暂时脱离长期趋势项的短期波动项。假设 $\psi(L)$ 的滞后期数为 2，则式（3.1）至式（3.5）可以改写为以下状态空间模型（参见 Kim（1994））：

$$y_t = A_{S_t}\xi_t + B_{S_t}x_t + e_t \tag{3.6}$$

$$\xi_t = \gamma_{S_t} + H_{S_t}\xi_{t-1} + \upsilon_t \tag{3.7}$$

其中，

$$A'_{S_t} = \begin{bmatrix} 1 \\ -1 \end{bmatrix}, \ \xi_t = \begin{bmatrix} z_t \\ z_{t-1} \end{bmatrix}, \ \gamma_{S_t} = \begin{bmatrix} 0 \\ 0 \end{bmatrix},$$

$$B_{S_t} = \mu_{S_t}, \ x_t = 1, \ e_t = 0$$

$$H_{S_t} = \begin{bmatrix} \psi_1 & \psi_2 \\ 1 & 0 \end{bmatrix}, \ \upsilon_t = \begin{bmatrix} w_t \\ 0 \end{bmatrix}, \ Q_t = \begin{bmatrix} \sigma_w^2 & 0 \\ 0 & 0 \end{bmatrix}$$

其中，$Q_t = E(v_t v_t')1$，ψ_1 及 ψ_2 为自回归系数。

暂时性部分 z_t 可以通过影响转移概率进而影响区制转移，但并非是可以直接观测的经济变量，因而该模型被称为隐藏信息的马尔可夫转换模型。根据 Otranto（2008），短期波动项 z_t 若偏离长期趋势项越远，则下一期仍停留在同一状态的可能性越大；换言之，若 z_t 距离长期趋势项越近，则表示停留在同一状态的可能性越小。因而，转移概率矩阵的设定如下：

$$p_{ii,t} = \frac{\exp(\phi_i + \xi_{t-1}' \vartheta_i)}{1 + \exp(\phi_i + \xi_{t-1}' \vartheta_i)} \tag{3.8}$$

$$p_{ij,t} = 1 - \frac{\exp(\phi_i + \xi_{t-1}' \vartheta_i)}{1 + \exp(\phi_i + \xi_{t-1}' \vartheta_i)} \tag{3.9}$$

其中，i，$j = 1$，$2(i \neq j)$，且 $\vartheta_i = [\theta_i \quad 0]'$。可以预期参数 θ_1 的符号为负向，因为当 z_{t-1} 为负值时，停留在"低通胀区制"的概率会上升；参数 θ_2 的符号为正向，因为当 z_{t-1} 为正值时，停留在"高通胀区制"的概率会上升。

由于隐藏信息变量 ξ_t 是以非线性的形式进入马尔可夫转换过程的转移概率，因而不能采用 Kalman 滤波。为了避免这个问题，Kim（1994）将 Kalman 滤波与 Hamilton 滤波结合在一起，并用一阶泰勒展开将式（3.7）线性化：

$$\begin{bmatrix} \xi_t \\ p_{11,t} \\ p_{22,t} \end{bmatrix} = \begin{bmatrix} \gamma \\ a_{11,t} \\ a_{22,t} \end{bmatrix} + \begin{bmatrix} H & 0 & 0 \\ d_{11,t} & 0 & 0 \\ d_{22,t} & 0 & 0 \end{bmatrix} \begin{bmatrix} \xi_{t-1} \\ p_{11,t-1} \\ p_{22,t-1} \end{bmatrix} + \begin{bmatrix} v_t \\ 0 \\ 0 \end{bmatrix} \tag{3.10}$$

其中，$d_{ij,t} = (\partial \pi_{ij}(\xi_{t-1})/\partial \xi_{t-1})|_{\xi_{t-1|t-1}}$ 与 $a_{ij,t} = \pi_{ij}(\xi_{t-1|t-1}) - d_{ij,t} \xi_{t-1|t-1}$ 为式（3.8）及式（3.9）中的 Logit 函数。[1]

MSLI 模型的一个重要特点是可以通过式（3.9）中转移概率 $p_{ij,t}(i \neq j)$ 的估计值估计出门限值 ξ_{t-1}^*，该特点有助于预测通货膨胀周期的转折点。例如，若 $p_{12,t} = 0.95$，则 ξ_{t-1}^* 的估计值表示经济从"低通胀区制"转换到"高通胀区制"的门限值。估计方程如下：

$$\xi_{t-1}^* = \left[\log\left(\frac{1 - p_{ij,t}}{p_{ij,t}}\right) - \phi_i \right] / \vartheta_i \tag{3.11}$$

---

① 详细的估计过程请参阅 Otranto（2008）。

3.2.2 实证研究

本章选取 1990 年 1 月至 2012 年 10 月我国居民消费价格指数（CPI）月度数据。由于我国官方统计资料从 2001 年后才开始公布环比 CPI 数据，因此，我们根据环比数据、同比数据与定基数据之间的数学关系倒推出 1990~2012 年各月的定基消费价格指数（1990 年 1 月 = 100），同时经过 Census X-12 季节调整后取自然对数并进行一阶差分，从而得到我国月度环比通货膨胀数据。选择月度环比数据而没有选择同比数据的原因在于，同比数据受翘尾因素影响显著；经季节调整的月度环比 CPI 数据比同比数据更适合用于宏观经济实时监测（张凌翔和张晓峒，2011）。可获得的数据均来自《中国经济景气月报》及中经网数据库。

本章利用 ADF 检验、DF-GLS 检验与 PP 检验对通胀率序列进行单位根检验以确定数据是否具有整体平稳性，检验结果如表 3.1 所示。可以看出，在 10% 的显著水平下，检验结果均表明通胀率序列具有整体平稳性，因此，我们将在水平序列下对通胀率建模。

表 3.1　通货膨胀率的单位根检验结果

检验方法	检验统计量值	p 值	结论
ADF	−1.762	0.074	平稳
DF-GLS	−11.711	0.000	平稳
PP	−2.657	0.008	平稳

为了确定通胀率序列的确适合以马尔可夫转换模型进行描述，本章采用若干个非线性检验方法对数据进行检验。Psaradakis 和 Spagnolo（2002）对用以构造马尔可夫转换模型的数据进行一组非线性检验，包括 Keenan 检验、Tsay 检验、McLeod-Li 检验、BDS 检验、White 动态信息矩阵（Dynamic Information Matrix）检验和神经网络检验，并比较了这几种目前较为流行的非线性检验的检验力。本章用这些统计量考察通胀率序列是否具有非线性的特质。检验结果如表 3.2 所示，大部分非线性检验的 p 值都小于 5% 的显著性水平，意味着通胀率序列可以用非线性模型描述，比如马尔可夫转换模型。

表 3.2　通胀率非线性检验的 *p* 值

KEENAN	TSAY	MCLEOD	BDS	WHITE1	WHITE2	NEURAL1	NEURAL2
0.000	0.004	0.316	0.000	0.192	0.000	0.005	0.011

　　参照 Chen（2012）的做法，本章用中国通胀率数据进行隐藏信息的马尔可夫转换模型的估计，同时将估计结果与 Lam（1990）的马尔可夫转换模型（MS）进行比较，估计结果整理于表 3.3，所估计出来的趋势图与周期图整理于图 3.2 与图 3.3 中，所估计出的高通胀期与低通胀期的当期概率图形与预期概率图形以及时变概率图形则整理于图 3.4 至图 3.7 中。

表 3.3　MS 模型与 MSLI 模型的估计结果

参数	MS 模型		MSLI 模型	
μ_1	0.209 ***	(0.033)	−0.049 ***	(0.020)
μ_2	1.575 ***	(0.127)	1.284 ***	(0.031)
σ	0.391 ***	(0.020)	0.365 ***	(0.015)
ψ_1	1.410 ***	(0.075)	1.637 ***	(0.028)
ψ_2	−0.413 ***	(0.075)	−0.670 ***	(0.023)
p_{11}	0.848 ***	(0.085)		
p_{22}	0.981 ***	(0.011)		
ϕ_1			3.787 ***	(0.557)
θ_1			−1.093 ***	(0.288)
ϕ_2			−5.353	(3.660)
θ_2			4.228 ***	(1.607)
QPS_0	0.212		0.144	
QPS_1	0.216		0.150	
$DM_0 : MSLI = MS\ vs\ MSLI > MS$		−3.646 [0.000]		
$DM_1 : MSLI = MS\ vs\ MSLI > MS$		−3.612 [0.000]		

注：*** 代表 1% 显著性水平；圆括号中的数值为标准差，方括号中的数值为 *p* 值。

　　如表 3.3 所示，在 Otranto（2008）给出的例子中，由于系数 θ_1 不显著，因而估计结果是基于 $\theta_1 = 0$ 的假设；换言之，仅考虑了自高通胀区制的转移概率是时序变化的，其他的转移概率则不随时间变化。而本章的不同之处在于，估计系数 θ_1 与 θ_2 均显著，因而不能假设 $\theta_1 = 0$ 或 $\theta_2 = 0$，即

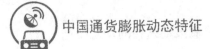

自高通胀区制的转移概率与自低通胀区制的转移概率均为时序变化的。MSLI 模型自回归系数的和（$\psi_1+\psi_2$）为 0.967(＝1.637-0.670)，MS 模型自回归系数的和等于 0.997(＝1.410-0.413)。用 MS 模型描述的通胀率在状态 1（低通胀区制）持续期较短，$p_{11}=0.848$ 意味着在低通胀区制的期望久期 $1/(1-p_{ii})$ 为 6.6 个月；$p_{22}=0.981$ 意味着高通胀区制的期望久期为 52.4 个月。

比较 MS 模型与 MSLI 模型拟合的趋势性部分（见图 3.2）以及周期性部分（见图 3.3）发现，图形存在一定的差异性，尤其是周期性部分。这意味着用 MS 模型与 MSLI 模型进行估计得到的参数与符号会有所不同。我们比较两个模型的后验概率，发现两者相差更大。用马尔可夫转换模型拟合通胀率，可以获得过滤概率 $\Pr(S_t|\Omega_t)$ 与预测概率 $\Pr(S_t|\Omega_{t-1})$，其定义分别是 t 期信息可获得条件下与 $t-1$ 期信息可获得条件下每个状态发生的概率。图中阴影部分是通货高涨时期。

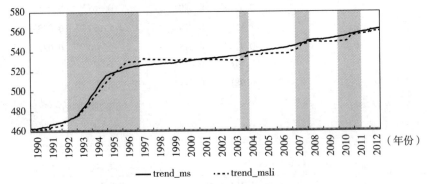

图 3.2　MS 模型与 MSLI 模型趋势性部分的比较

注：图 3-2 至图 3-7 中的阴影部分均表示通货高涨时期，以下不再标注。

马尔可夫转换模型的内部机制基于后验概率将样本点归类到不同的区制。图 3.3 描绘的是 MS 模型与 MSLI 模型的当期概率。阴影部分是通货高涨时期，作为衡量通胀的基准。采用 Hamilton（1989）的"0.5 规则"：若当期概率大于 0.5，则把观测点分类为一种状态，若当期概率小于 0.5，则归为另一种状态。模型错误预测有两种情况：其一，现实存在通货膨胀，但是模型没有预测到；其二，现实没有发生通货膨胀，但是模型预测发生了通胀。

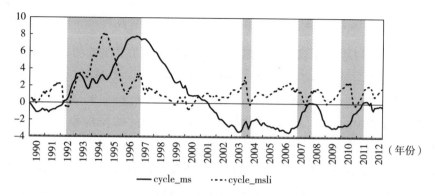

图 3.3　MS 模型与 MSLI 模型周期性部分的比较

MS 模型第一种预测错误发生在 1992 年、1996 年、1997 年、2007 年、2010 年，第二种预测错误发生在 1990 年。MSLI 第二种预测错误发生在 1991 年、2005 年，没有发生第一种预测错误。所以，从图 3.3 中可以看出，MSLI 模型的预测能力优于 MS 模型。

图 3.4 与图 3.5 分别描绘的是 MS 模型与 MSLI 模型的当期概率与预期概率，可以发现，MSLI 模型预测下期会发生状态变化的次数要多于 MS 模型。MSLI 模型预示可能会发生高通胀的年份是 1992 ~ 1997 年、2006 年、2010 年、2012 年。

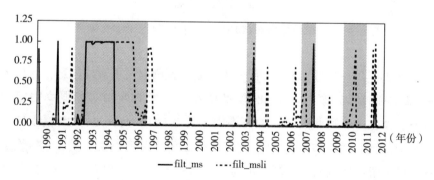

图 3.4　MS 模型与 MSLI 模型估计 $S_t = 2$（高通胀）时的当期概率

Hamilton 和 Lin（1996）提出一个转折点准则（The Turning Point Criterion）以评价模型识别转折点的能力，将其定义为：

$$QPS_d = K^{-1} \sum_{t=1}^{K} \{ \text{prob}(S_t = 1 \mid \Omega_{t-d}) - D_t \}^2$$

其中，当 t 期处于高通胀区制时，$D_t = 1$。表 3.3 报告了 QPS_0 与 QPS_1，其中 QPS_0 为当期（$d = 0$）QPS 值，QPS_1 为预期（$d = 1$）QPS 值。MS 模型与 MSLI 模型 $QPS_0(QPS_1)$ 值分别为 0.212(0.216) 与 0.144(0.150)。本章采用 Diebold 和 Mariano（1995）的渐进检验法比较 MSLI 与 MS 模型的预测表现。原假设为两个模型的预测表现没有任何差异；对立假设为 MSLI 模型的预测表现优于 MS 模型。当期概率（预期概率）的 Diebold-Mariano 检验统计量为 -3.646(-3.612)，p 值为 0.000(0.000)，因而拒绝原假设。该检验结果表明，MSLI 模型在预测中国通货膨胀波动周期转折点上优于 MS 模型。

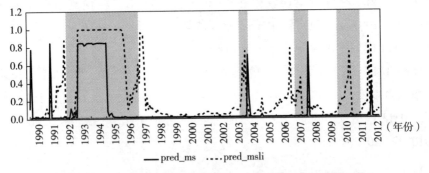

图 3.5 MS 模型与 MSLI 模型 $S_t = 2$（高通胀）时的预期概率

MSLI 模型 $t-1$ 期的周期性部分为区制的预测提供了额外信息，给出了在下期区制转移的概率。而 MS 模型留在"低通胀区制"的概率固定为 0.848，留在"高通胀区制"的概率固定为 0.981。换言之，MS 模型的转移概率在转折点发生之前、发生时与发生之后均保持不变。图 3.6 描绘了 MSLI 模型留在"低通胀区制"的时变转移概率 p_{11}。可以看出，p_{11} 在"高通胀"发生时突然下降，而在"低通胀"发生时接近于 1。图 3.7 描绘了 MSLI 模型留在"高通胀区制"的时变转移概率 p_{11}，MSLI 模型可以识别出转折点发生之前、发生时与发生之后系统发生的变化。这足以说明，周期性部分 z_t 能够为中国通货膨胀周期的识别与预测提供信息。

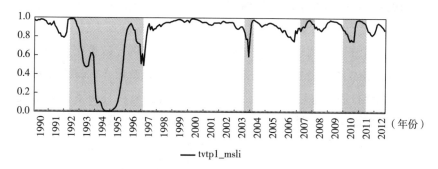

图 3.6　MSLI 模型 $S_t = 1$（低通胀）时的时变概率

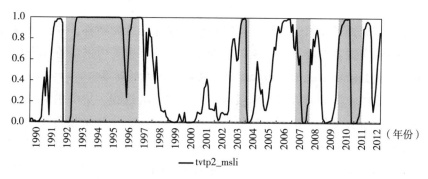

图 3.7　MSLI 模型 $S_t = 2$（高通胀）时的时变概率

3.2.3　结果分析

根据图 3.4 至图 3.7 的性质我们可以发现：

（1）从图 3.4 和图 3.5 可以看出，1994～1996 年，中国处于高通胀区制，因为在这一期间通货膨胀处于 $S_t = 1$ 的概率 $\Pr(S_t = 1 \mid I_t) > 0.5$，而且经历时间长达两年。从 1997 年后半年开始直到 2003 年，我国通货膨胀均处于低通胀期间。2003～2012 年，高通货膨胀时有发生，但持续时间较短。

（2）从图 3.6 可以看出，1994～1996 年，中国处于高通胀区制，因为在这一期间通货膨胀处于 $S_t = 1$ 的概率 $\Pr(S_t = 1 \mid I_t) < 0.5$，而且经历时间长达两年。在 1990～2012 年的其他历史时间，通货膨胀率均处于低通胀或者说温和通胀区制。从图 3.7 可以看出，我国在 1992～1997 年处于高通胀

期间，1998～2002 年处于低通胀期间，2003～2012 年通货膨胀压力增大的情况时有发生，但没有像 20 世纪 90 年代通胀持续时间那么长。

（3）通货膨胀率的动态路径与政府采取的宏观调控政策密切相关。特别是 2003～2012 年，对货币当局采取的是相机抉择政策，并试图用货币政策刺激经济增长而不是稳定物价，虽然我国在各种外生冲击下没有出现长期的高通胀局面，但是通货膨胀压力增大的情况却时有发生。

3.3　基于多重链的马尔可夫区制转移模型分析

上一节分析了我国通货膨胀率的动态路径存在区制转移，并且与政府可能采取的宏观调控政策密切相关，因此，本节利用货币供给量代表货币政策，着重分析货币政策是否会促进通货膨胀区制的转变。

在本节中，假设通货膨胀率服从一个马尔可夫过程，货币供给量服从另一个马尔可夫过程。这两个马尔可夫过程不同步，也就是相互独立。通货膨胀率可能受到其本身状态的影响，也有可能会受到货币政策状态的影响；由于本节假设货币政策外生，并非内生，因此货币供给量会受到自身状态的影响，而不会受到通货膨胀率状态的影响。

3.3.1　模型介绍

Otranto（2005）提出的多重链马尔可夫区制转移模型（Multi-Chain Markov Switching Model，MCMS）强调一个变量的待估参数只受一个状态变量（S_{1t}）的影响，而另一个变量的待估参数同时受到两个不同状态变量（S_{1t}，S_{2t}）的影响。为了突出多重链马尔可夫区制转移模型的特色，本节遵循 Otranto（2005）的解说方式，逐步阐述引入货币供给量变量的机理。

3.3.1.1　单变量马尔可夫转换模型

令 π_t 为通货膨胀率，并以 Hamilton（1989）的马尔可夫转换模型进行估计：

$$\pi_t = a_{1S_t} + \phi_{11}\pi_{t-1} + \varepsilon_t, \quad \varepsilon_t \sim N(0, \sigma_{S_t}^2) \tag{3.12}$$

$$a_{1S_t} = a_{10}(1-S_t) + a_{11}S_t \tag{3.13}$$

$$\sigma_{S_t}^2 = \sigma_0^2(1-S_t) + \sigma_1^2 S_t \tag{3.14}$$

$$S_t = 0 \text{ 或 } 1 \tag{3.15}$$

其中，S_t 是未知的状态变量，$S_t = 1$ 代表通货膨胀率处于高通胀期，$S_t = 0$ 代表通货膨胀率处于低通胀期。S_t 服从一阶马尔可夫链，具有以下的转移概率：

$$\Pr[S_t = 0 \mid S_{t-1} = 0] = p_{00}, \ \Pr[S_t = 1 \mid S_{t-1} = 1] = p_{11}$$

$$\Pr[S_t = 1 \mid S_{t-1} = 0] = p_{01}, \ \Pr[S_t = 0 \mid S_{t-1} = 1] = p_{10}$$

3.3.1.2 具有外生解释变量的单变量马尔可夫转换模型

如果要评价货币供应量 m_t 对通货膨胀率的影响效果，则可以在单变量马尔可夫转换模型中引入此外生变量：

$$\pi_t = a_{1S_t} + \phi_{11}\pi_{t-1} + \psi_{11}m_{t-1} + \varepsilon_t, \ \varepsilon_t \sim N(0, \sigma_{S_t}^2) \tag{3.16}$$

其中，状态变量 S_t 的意义如前所述，且服从一阶马尔可夫过程。

3.3.1.3 马尔可夫向量自回归模型

我们利用通胀率与货币供应量再构建一个两变量的马尔可夫转换自回归模型：

$$\begin{bmatrix} \pi_t \\ m_t \end{bmatrix} = \begin{bmatrix} 1 & 0 \\ 0 & 1 \end{bmatrix} \begin{bmatrix} a_{1S_t} \\ a_{2S_t} \end{bmatrix} + \begin{bmatrix} \phi_{11} & \psi_{11} \\ \phi_{21} & \psi_{21} \end{bmatrix} \begin{bmatrix} \pi_{t-1} \\ m_{t-1} \end{bmatrix} + \begin{bmatrix} \varepsilon_{1t} \\ \varepsilon_{2t} \end{bmatrix} \tag{3.17}$$

其中，

$$\begin{bmatrix} \varepsilon_{1t} \\ \varepsilon_{2t} \end{bmatrix} \sim NID \left(\begin{bmatrix} 0 \\ 0 \end{bmatrix}, \begin{bmatrix} \sigma_{1S_t}^2 & \rho\sigma_{1S_t}\sigma_{2S_t} \\ \rho\sigma_{1S_t}\sigma_{2S_t} & \sigma_{2S_t}^2 \end{bmatrix} \right) \tag{3.18}$$

其中，状态变量 S_t 的意义如前所述，且服从一阶马尔可夫过程。式（3.17）和式（3.18）中假设参数 a_i、σ_i（$i = 0$ 或 1）受到相同的状态变量 S_t 的影响。如果两个变量之间有一方对另一方在先验上不具备 Granger 因果效应的影响，比如式（3.17）中，货币供给量 m_t 对通货膨胀率 π_t 有 Granger 因果效应，但是反过来却没有，则可以令 $\phi_{21} = 0$。我们将该模型命名为 MMS 模型。

3.3.1.4 多重链的马尔可夫转换模型

假设参数受到相同状态变量 S_t 影响的马尔可夫转换向量自回归模型比较适合分析变量具有共同波动（Co-movement）的特征。但是如果变量并不是完全服从同一个马尔可夫过程，则可以用多重链马尔可夫转换模型来解决这个问题。假设货币供给量是个外生变量，即货币供给量可以当期影响到通货膨胀率，但是通货膨胀率不能影响到货币供给量。也就是说，在模型中，货币供给量会受到其本身状态的影响，但不能受到通货膨胀状态的影响；而通货膨胀率不仅能受到其本身状态的影响，还能受到货币供给量状态的影响。模型具体如下：

$$\begin{bmatrix} m_t \\ \pi_t \end{bmatrix} = \begin{bmatrix} \phi_{11} & \psi_{11} & \delta_{21} \\ \phi_{21} & \psi_{21} & \delta_{21} \end{bmatrix} \begin{bmatrix} m_{t-1} \\ \pi_{t-1} \\ 1 \end{bmatrix} + \begin{bmatrix} \sigma_{1S_{1t}} & 0 \\ 0 & \sigma_{2S_{2t}} \end{bmatrix} \begin{bmatrix} \varepsilon_{1t} \\ \varepsilon_{2t} \end{bmatrix} \tag{3.19}$$

其中，

$$\begin{bmatrix} \varepsilon_{1t} \\ \varepsilon_{2t} \end{bmatrix} \sim NID \left(\begin{bmatrix} 0 \\ 0 \end{bmatrix}, \begin{bmatrix} \sigma_{1S_{1t}}^2 & \rho\sigma_{1S_{1t}}\sigma_{2S_{2t}} \\ \rho\sigma_{1S_{1t}}\sigma_{2S_{2t}} & \sigma_{2S_{2t}}^2 \end{bmatrix} \right) \tag{3.20}$$

与马尔可夫转换向量自回归模型不同的是，多重链马尔可夫模型受到两个状态变量 S_{1t} 和 S_{2t} 的影响。需要注意的是，在该模型中，通货膨胀率 π_t 同时受到自己的状态变量 S_{1t} 及货币供给量 m_t 的状态变量 S_{2t} 的影响，而货币供给量只受到自己的状态变量 S_{2t} 的影响。

我们定义一个新的状态变量 S_t，称为多重状态变量（Multiple States Variable），而且 $S_t = (S_{1t}, S_{2t})'$，如果 S_t 只是单一状态变量，则 MCMS 模型就等同于具有相同状态变量的 MMS 模型。多重状态变量 S_t 假设服从一阶马尔可夫链，即只受到前一期 S_{t-1} 的影响。若我们分析的链个数为 n，则多重状态变量 S_t 的可能状态数为 $2n$，因此转移概率矩阵包括 $2^n \times 2^n$ 个元素，用以下方程表示：

$$\Pr[S_t | S_{t-1}] = \Pr[S_{1t}, S_{2t} | S_{1t-1}, S_{2t-1}] = \Pr[S_{1t} | S_{t-1}] \Pr[S_{2t} | S_{t-1}] \tag{3.21}$$

转移概率矩阵 p 具体如下：

$$
\begin{bmatrix}
p_{11}^{(1)}p_{11}^{(2)} & p_{11}^{(2)}(1-p_{00}^{(1)}) & p_{11}^{(1)}(1-p_{00}^{(2)}) & (1-p_{00}^{(1)})(1-p_{00}^{(2)}) \\
(1-p_{11}^{(1)})p_{11}^{(2)} & p_{11}^{(2)}p_{00}^{(1)} & (1-p_{11}^{(1)})(1-p_{00}^{(2)}) & p_{00}^{(1)}(1-p_{00}^{(2)}) \\
p_{11}^{(1)}(1-p_{11}^{(2)}) & (1-p_{11}^{(2)})(1-p_{00}^{(1)}) & p_{11}^{(1)}p_{00}^{(2)} & (1-p_{00}^{(1)})p_{00}^{(2)} \\
(1-p_{11}^{(1)})(1-p_{11}^{(2)}) & (1-p_{11}^{(2)})p_{00}^{(1)} & p_{00}^{(2)}(1-p_{11}^{(1)}) & p_{00}^{(1)}p_{00}^{(2)}
\end{bmatrix}
$$

$$(3.22)$$

转移概率 $\Pr[S_{jt}|S_{t-1}]$ 可以用 Logistic 函数的设定，将其中一个状态变量受到其他状态变量影响的效果表现出来，如下所示：

$$
\Pr[S_{jt}=0\,|\,S_{jt-1}=0,\ S_{-jt-1}] = \frac{\exp(\theta_{j00}+\theta'_{j0}S_{-jt-1})}{1+\exp(\theta_{j00}+\theta'_{j0}S_{-jt-1})} \tag{3.23}
$$

$$
\Pr[S_{jt}=1\,|\,S_{jt-1}=0,\ S_{-jt-1}] = 1-\frac{\exp(\theta_{j00}+\theta'_{j0}S_{-jt-1})}{1+\exp(\theta_{j00}+\theta'_{j0}S_{-jt-1})} \tag{3.24}
$$

$$
\Pr[S_{jt}=1\,|\,S_{jt-1}=1,\ S_{-jt-1}] = \frac{\exp(\theta_{j11}+\theta'_{j1}S_{-jt-1})}{1+\exp(\theta_{j11}+\theta'_{j1}S_{-jt-1})} \tag{3.25}
$$

$$
\Pr[S_{jt}=0\,|\,S_{jt-1}=1,\ S_{-jt-1}] = 1-\frac{\exp(\theta_{j11}+\theta'_{j1}S_{-jt-1})}{1+\exp(\theta_{j11}+\theta'_{j1}S_{-jt-1})} \tag{3.26}
$$

其中，$\theta_{jl}=(\theta_{jl1},\ \cdots,\ \theta_{jl(j-1)},\ \theta_{jl(j+1)},\ \cdots,\ \theta_{jln})'$，$l=0$、1。$\theta_{jl}$ 是维度为 $(n-1)$ 的向量，S_{-jt-1} 是以多重状态 S_{t-1} 扣除掉 S_{jt-1} 第 j 个元素所形成的向量。

3.3.2 实证结果与分析

考虑数据的可得性，本章选取 1996 年 2 月至 2012 年 3 月我国居民消费价格指数（CPI）月度数据与广义货币 M2。由于我国官方统计资料从 2001 年后才开始公布环比 CPI 数据，因此，我们根据环比数据、同比数据与定基数据之间的数学关系倒推出 1990~2012 年各月的定基消费价格指数，同时取自然对数并进行一阶差分，从而得到我国月度环比通货膨胀数据。同样，计算 M2 的真实值进行对数差分，获得货币供给量增长率。这两个序列均经过 Census X-12 季节性调整和 HP 滤波处理，得到变量的波动部分，可获得的数据均来自《中国经济景气月报》及中经网数据库。以上数据用于贝叶斯估计。

模型用 Matlab 编程以进行贝叶斯估计，估计结果如表 3-4 所示。

表 3.4 估计参数

参数	后验均值	参数	后验均值
ϕ_{11}	0.9959	$\sigma_{1(S_{1t}=1)}$	0.7386
ϕ_{21}	0.0154	$\sigma_{1(S_{1t}=2)}$	0.0281
ψ_{11}	0	$\sigma_{2(S_{2t}=1)}$	0.9534
ψ_{21}	0.6063	$\sigma_{2(S_{2t}=2)}$	8.2132
δ_{11}	0.0083		
δ_{21}	0.0403		

从表 3.4 可以看出，货币供给量序列服从一个两区制的马尔可夫链过程，其中区制 1 为高扰动区制，即，$S_{1t-1}=1$ 时，$\sigma_{1(S_{1t}=1)}=0.7386$；区制 2 为低扰动区制，即，$S_{1t-1}=2$ 时，$\sigma_{1(S_{1t}=2)}=0.0281$。通货膨胀率序列也服从一个两区制的马尔可夫链过程，其中区制 1 为低扰动区制，因为，$S_{2t-1}=1$ 时，$\sigma_{2(S_{2t}=1)}=0.9534$；区制 2 为高扰动区制，因为，$S_{2t-1}=2$ 时，$\sigma_{2(S_{2t}=2)}=8.2132$。

从表 3.5 可以看出，根据期望持续期的公式 $1/(1-p)$ 与 $1/(1-q)$，可以得到货币供给量高扰动区制的持续期为 $1/(1-0.977)=42.84$ 个月，而低扰动区制的持续期为 $1/(1-0.885)=8.69$ 个月，因此货币供给量处于"高扰动货币供给"时期较长。同样，通货膨胀率处于"高扰动区制"的时期较长，因为通货膨胀率低扰动区制的持续期为 $1/(1-0.869)=7.63$ 个月，而处于高扰动区制的持续期为 $1/(1-0.969)=32.23$ 个月。

表 3.5 两条马尔可夫链的转移概率矩阵

马尔可夫链 1			马尔可夫链 2		
	$S_{1t-1}=1$	$S_{1t-1}=2$		$S_{2t-1}=1$	$S_{2t-1}=2$
$S_{1t}=1$	0.977	0.115	$S_{2t}=1$	0.869	0.031
$S_{1t}=2$	0.023	0.885	$S_{2t}=2$	0.131	0.969

从表 3.6 可以看出：①货币供给增长率与通货膨胀率同时处于高扰动区制的持续期最长，为 18.65 个月；两者同时处于低扰动区制的持续期最短，为 4.32 个月。②当货币供给增长率前后两期均处于高扰动区制，而通

货膨胀率从低扰动区制跳到高扰动区制的概率为 0.129；相比之下，当货币供给增长率前后两期均处于低扰动区制，而通货膨胀率从低扰动区制跳到高扰动区制的概率为 0.117。

表3.6　MCMS 模型的转移概率矩阵

	$S_{1t-1}=1$, $S_{2t-1}=1$	$S_{1t-1}=1$, $S_{2t-1}=2$	$S_{1t-1}=2$, $S_{2t-1}=1$	$S_{1t-1}=2$, $S_{2t-1}=2$
$S_{1t}=1$, $S_{2t}=1$	0.848	0.030	0.099	0.004
$S_{1t}=1$, $S_{2t}=2$	0.129	0.946	0.015	0.111
$S_{1t}=2$, $S_{2t}=1$	0.020	0.001	0.769	0.028
$S_{1t}=2$, $S_{2t}=2$	0.003	0.023	0.117	0.858

从图3.8可以看出：①左上图为货币供给量处于高扰动区制而通货膨胀率处于低扰动区制时的平滑概率曲线，在2000年与2004年发生过这种情况，但持续时间都很短。2000年前后正处于通货紧缩阶段，为防止通缩对经济带来的负面影响，国家采取了积极的财政政策并放松银根；2004年前后中国通货膨胀以温和为主要特征，但是这段时间地方政府主导下的投资增长为后来的通货膨胀埋下伏笔。②右上图为货币供给增长率与通货膨胀率均处于高扰动区制时的平滑概率曲线，可以看出1996~2012年我国大部分时间均处于这个区制，而且该区制的持续期较长。③左下图为货币供给增长率与通货膨胀率均处于低扰动区制时的平滑概率曲线，我国除了在2008年短暂地出现过这种情况外，其余历史时期处于这种区制的概率均较低。④右下图为货币供给增长率处于低扰动状态，但通货膨胀率处于高扰动区制，这种情况出现在1996年、2001年与2012年，尤其在1996年我国用紧缩型货币政策以控制我国长期高通胀的局面。

另外，通过比较可以发现：当货币供给增长率处于高扰动区制时，通货膨胀率更有可能处于高扰动区制；当货币供给增长率处于低扰动区制时，通货膨胀率处于高扰动区制的可能性较小。

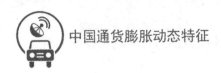

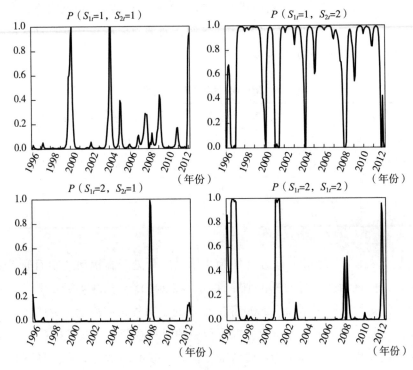

图 3.8　模型的后验概率

3.4　本章小结

　　本章主要考察我国通货膨胀率波动的动态特征及其原因。首先，将我国 1990~2012 年的通货膨胀周期划分为五个，并分析影响其波动的外部冲击与货币因素。其次，用隐藏信息的时变马尔可夫转换模型考察我国通货膨胀波动路径是否存在马尔可夫区制转移时，发现 MSLI 模型比 MS 模型能更好地预测我国通货膨胀率转折的发生，这也意味着通货膨胀率中的隐藏信息能为中国通货膨胀周期的识别与预测提供信息。进一步分析发现，1994~1996 年，中国处于高通胀区制，且持续时间长；而在 2003~2012 年高通货膨胀时有发生，但持续时间较短。这可能与当时政府采取的宏观调控政策有关。最后，考虑货币供给过程与通货膨胀过程服从的马尔可夫过程可能不同步的情况，考察货币供给冲击对通货膨胀的影响。研究发现，通货膨胀率的区制转移与货币供给增长率相关：当货币供给增长率处于高扰动区制时，通货膨胀率更有可能处于高扰动区制；当货币供给增长率处于低扰动区制时，通货膨胀率处于高扰动区制的可能性较小。

第❹章
中国通货膨胀率区制转变动因分析

第 3 章得出的结论是，货币供给量会影响我国通货膨胀率的区制转变，本章进一步研究，除了货币供给量之外，外部冲击（比如经济增长）和货币政策规则的转变是否也是我国转型期通货膨胀率发生结构性转变的来源。因此，本章将在马尔可夫转换结构向量自回归模型的框架下，研究我国通货膨胀波动出现区制转移，是由于外生冲击发生区制转移，还是由于外生货币政策发生区制转移，抑或是内生的货币政策规则发生区制转移。

4.1 IS-AS-MP 理论框架

考虑一个存在家庭、厂商和政府三方的经济模型。基本假设：家庭追求效用最大化、货币内在效用、价格粘性、垄断竞争。求解得到粘性价格模型的均衡系统，再进行一定程度的简化，可演变成如 IS-AS-MP 形式的分析框架：

IS 方程：

$$y_t = a_{11}(i_t - \pi_t) + v_{1t} \tag{4.1}$$

AS 方程：

$$\pi_t = b_{21}y_t + v_{2t} \tag{4.2}$$

MP 方程：

$$i_t = \phi_{31}\pi_t + \phi_{32}y_t + v_{3t} \tag{4.3}$$

式（4.1）描述的是 IS 方程（即欧拉方程）；式（4.2）刻画的是新凯

恩斯菲利普斯曲线,又称 AS(总供给)方程;式(4.3)是货币政策反应方程,又称 MP 方程,表示中央银行根据通货膨胀和产出缺口内生地调整利率。等式中的误差项 v 依次表示需求冲击、供给冲击和货币政策冲击。

这一系统所刻画的货币政策、经济增长和通货膨胀之间互动关系的理论逻辑非常清楚。具体而言,真实利率(即名义利率剔除通货膨胀率)下降会降低借贷成本因而刺激投资,从而带动真实经济增长加快;而经济增长率的上升又会带来通货膨胀上升压力,此时中央银行就根据通货膨胀率与经济增长率的变化进行货币政策调节,而利率发生变化以后又会再次通过 IS 方程作用于真实经济进而推动通货膨胀波动。这样,货币政策、经济增长与通货膨胀就形成了明确的动态传导机制。

虽然这一动态系统在宏观经济分析中得到了广泛的认同,但是在 IS-AS-MP 的大框架下,不同文献中具体模型设立的形式存在一定差别。这一方面是由于不同研究的侧重点不同,另一方面是由于所分析的国家经济运行机制彼此之间存在差别。因此,在构建模型时,既要充分考虑分析问题的可行性,又要兼顾中国经济运行机制和货币政策调节机制的特点,不能简单地以"中国经济发展具有特殊性"为理由而完全脱离相关经济理论的基本框架。为此,本章在分析中国经济增长、货币政策与通货膨胀波动的互动关系中,特别要注意以下几点重要的区别:

首先是货币工具的差别。尽管近年来我国越来越重视价格型货币政策的作用,但目前利率市场化程度与西方发达国家的水平仍存在较大差距,中国人民银行也明确提出我国货币政策主要以总量控制为中介目标。因此,我们可以利用货币需求函数,将货币供给增长率作为货币政策工具引入动态系统内。

其次是自 20 世纪 90 年代以来,随着我国市场经济的不断深化以及"稳健"货币政策的连续实施,货币政策也从 20 世纪 80 年代单纯的直接信贷向总量控制、窗口指导与利率调节的多渠道过渡,货币政策发生了系统性的变化。

因此,将货币供给增长率作为货币政策工具引入 IS-AS-MP 模型,整理之后可以获得捕捉我国货币政策与经济发展动态关系的模型系统,即式(4.4)至式(4.6)。

$$GDP_t = a_{11}m_t + a_{12}\pi_t + lags(GDP_t, m_t, \pi_t) + v_{1t} \tag{4.4}$$

$$\pi_t = b_{21}m_t + lags(GDP_t, m_t, \pi_t) + v_{2t} \tag{4.5}$$

$$m_t = lags(GDP_t, m_t, \pi_t) + v_{3t} \tag{4.6}$$

与前面的系统不同，该系统假设当期货币增长率与当期通货膨胀率会影响到产出，当期货币增长率会影响到通货膨胀率，而货币政策由于存在时滞性，因此只有滞后期的产出和通胀才会影响到货币增长率。各个等式中的 $lags$ 表示各变量的滞后项。

4.2 构建非线性结构向量自回归模型

借鉴 Sims、Waggoner 和 Zha（2008）构造非线性随机结构向量自回归模型如式（4.7）和式（4.8）所示。

$$y'_t A(s_t) = \sum_{i=1}^{\rho} y'_{t-i} A_i(s_t) + z'_t C(s_t) + \varepsilon'_t, \ t = 1, \cdots, T \tag{4.7}$$

$$\Pr(s_t = j \mid s_{t-1} = k) = p_{ik}, \ j, k = 1, \cdots, h \tag{4.8}$$

其中，ρ 为滞后阶数，y_t 为 n 维内生变量的列向量，z_t 为 m 维外生变量列向量，ε_t 为 n 维干扰项列向量，服从 $N(\underset{n\times1}{0}, \mathbf{I}_n)$ 分布，$A(s_t)$ 为 $n\times n$ 可逆矩阵，$A_i(s_t)$ 为 $n\times n$ 矩阵，$C(s_t)$ 为 $m\times n$ 矩阵。假设初始值 $y_0, \cdots,$ $y_{1-\rho}$ 给定。

令 $\underset{(\rho n+m)\times1}{x_t} = \begin{bmatrix} y_{t-1} \\ \vdots \\ y_{t-\rho} \\ z_t \end{bmatrix}$，$\underset{(\rho n+m)\times n}{A_+(s_t)} = \begin{bmatrix} A_1(s_t) \\ \vdots \\ A_\rho(s_t) \\ C(s_t) \end{bmatrix}$

则式（4.7）可改写为如式（4.9）的形式。

$$y'_t A_0(s_t) = x'_t A_+(s_t) + \varepsilon'_t \tag{4.9}$$

假如允许所有的参数随时间变化，则模型要估计的参数非常多，尤其当方程系统较大或滞后阶数较长时。例如一个季度数据的模型，5 个内生变量，滞后期为 6 阶，则 $A_+(s_t)$ 在每个区制要估计的参数个数有 $5\times6\times5 = 150$ 个。但是，从目前的宏观经济数据来看，很少会有处于某种状态达几年的，因而变量的观测时间应该会大大少于 150 个季度。因此可以施加时间变动约束（Restrictions on Time Variance）以简化模型。

将 A_+ 改写为式（4.10）的形式。

$$\underset{m \times n}{A_+}(s_t) = \underset{m \times n}{D}(s_t) + \underset{m \times n}{\bar{S}}\, \underset{m \times n}{A_0}(s_t) \qquad (4.10)$$

其中，

$$\bar{S} = \begin{bmatrix} I_n \\ 0 \\ (m-n) \times n \end{bmatrix}$$

若 $D(s_t)$ 的先验分布为零均值，则这种先验分布比较适合惯性较大，但扰动项方差较小的模型。

对于 $A_0(s_t)$ 和 $D(s_t)$，考虑如式（4.11）所示三种情况的时间变动约束：

$$a_{0,j}(s_t),\ d_{ij,l}(s_t),\ c_j(s_t) = \begin{cases} \bar{a}_{0,j},\ \bar{d}_{ij,l},\ \bar{c}_j & \text{Case I} \\ \bar{a}_{0,j}\xi_j(s_t),\ \bar{d}_{ij,l}\xi_j(s_t),\ \bar{c}_j\xi_j(s_t) & \text{Case II} \\ a_{0,j}(s_t),\ \bar{d}_{ij,l}\lambda_{ij}(s_t),\ c_j(s_t) & \text{Case III} \end{cases}$$

$$(4.11)$$

其中，$\xi_j(s_t)$ 是第 j 个结构方程的倍率；$a_{0,j}(s_t)$ 是 $A_0(s_t)$ 的第 j 列向量；$d_j(s_t)$ 是 $D(s_t)$ 的第 j 列向量；$d_{ij,l}(s_t)$ 是 $d_j(s_t)$ 对应第 i 个变量的第 l 滞后阶的元素；$d_j(s_t)$ 最后的元素是 $c_j(s_t)$，即方程 j 的常数项。参数 $\lambda_{ij}(s_t)$ 会随着变量发生变化，但不会因为滞后阶数变化而发生变化。这意味着长期响应随时间变化，响应的动态形式仅通过 λ_{ii} 发生变化，该参数刻画的是变量的惯性程度。$\bar{a}_{0,j}$、$\bar{d}_{ij,l}$、$\bar{c}_j$ 表示这些参数状态是独立的，即不随状态 s_t 的变化而变化。

Case I 表示结构方程的参数均为常数。Case II 表示方程中只有扰动项随时间发生变化。Case III 表示方程中系数和扰动项均随时间发生变化。

4.3　实证分析

首先，比较了在含区制转移的结构向量自回归模型框架下一系列模型对中国数据的拟合能力；其次，报告了拟合程度最好的模型估计结果，并

解释了估计结果与其他模型的区别。这里设定滞后阶数 $\rho=3$，$y_t = [\, GDP_t \ \pi_t \ m_t \,]'$，利用 Dynare 4.3.1 软件对模型进行贝叶斯估计。本章选用的数据为月度数据，根据数据的可得性，时间区间选为 1996 年 1 月至 2012 年 3 月，数据来源于《中国经济景气月报》及中经网统计数据库。由于可获得的 GDP 数据为季度数据，利用插值法获得月度数据。为了得到波动序列，需要进行如下处理：选取实际 GDP 作为模型中实际总产出所对应的观测数据，再取对数求差分，得到 GDP 增长率；选取月度 CPI 环比指数作为模型中通货膨胀率；对 M2 进行对数差分以获得货币供给的增长率。这三个序列均经过 Census X-12 季节性调整和 HP 滤波处理，得到变量的波动部分。

4.3.1　马尔可夫转移模型族的筛选

本章应用区制转移 VAR 模型（3 个变量和一阶滞后）研究，是货币规则方程系数发生变化，还是扰动项的结构冲击发生变化。变量分别为经济增长率、通货膨胀率和货币供给增长率。根据 Sims 等（2008）的识别方法，本章设定 $A(s_t)$ 为上三角矩阵，因此最后一个方程是货币规则方程。本章估计了一组模型以比较它们的拟合度。这些模型描绘如下：

con：每个方程均为 Case Ⅰ。

#v：每个方程均为 Case Ⅱ，且服从一个有#个区制的马尔可夫过程，即只有方差存在区制转移。

#vm：每个方程均为 Case Ⅲ，且服从一个有#个区制的马尔可夫过程，即方差和系数均存在区制转移。

#vRm：只有货币规则方程（本模型的第三个方程）为 Case Ⅲ，其他两个方程为 Case Ⅱ，且服从一个有#个区制的马尔可夫过程，即在货币规则方程中方差和系数均存在区制转移，而另外两个方程中只有方差存在区制转移。

#Rm：只有货币规则存在区制转移，且服从一个有#个区制的马尔可夫过程，而扰动项方差不存在区制转移。

#1v#2m：每个方程均为 Case Ⅲ，且方程的方差服从有#1 个区制的马尔可夫过程，方程的系数服从有#2 个区制的马尔可夫过程。

#1v#2Rm：货币规则方程为 Case Ⅲ，其他两个方程为 Case Ⅱ，且方程

的方差服从有#1 个区制的马尔可夫过程，方程的系数服从有#2 个区制的马尔可夫过程。

其中，"#""#1"和"#2"表示区制的个数。为了能够比较不同模型拟合数据的能力，必须估计模型的边际数据密度（Marginal Data Density，MDD）。Gelfand 和 Dey（1994）的修正调和平均数法（Modified Harmonic Mean Method，MHM）被广泛用在宏观经济模型的边际数据密度计算中。Sims 等（2008）对 MHM 法进行改进，使其能够估计存在区制转移的结构方程组。本章采用 Sims 等（2008）的新 MHM 法进行估计（见表4.1）。

表 4.1 采用新 MHM 法估计的边际数据密度

模型类型	2v	2vm	2vRm	2v2Rm	2v2m	con
log（MDD）	594.94	——	599.84	615.62	636.03	455.76
模型类型	3v	3vm	3vRm	3v2Rm	2Rm	
log（MDD）	601.47	——	607.15	614.99	481.92	

注："—"为无法估计。

表 4.1 介绍了采用新 MHM 法估计的边际数据密度。从 log(MDD)上来看，系数和方差服从不同步的马尔可夫链模型的拟合程度较好，其中 log（MDD）（=636.03）最大的是模型 2v2m，然后是模型 2v2Rm 和模型 3v2Rm，log（MDD）分别为 615.62 和 614.99。模型 2v2Rm 和模型 3v2Rm 明显优于模型 2vRm 和模型 3vRm，后两个模型假设货币规则方程系数和方差服从同一个马尔可夫链过程的模型。排在第三梯队的是模型 2v 和模型 3v，它们只考虑了方差服从马尔可夫链。如果允许货币规则存在区制转移时，而控制扰动项方差保持不变，则此假设下模型 2Rm 的 log（MDD）值为 481.92，略优于模型 con。后者的 log(MDD)值为 455.76，假设既不存在扰动项方差的区制转移，也不存在系数的区制转移。模型 2vm 和模型 3vm 无法估计，这是因为这两个模型假设三个方程的扰动项方差和系数均服从同一个马尔可夫过程，而事实可能并非如此。本章还估计了三区制和四区制的模型，结果发现，增加区制数量模型并没有得到改进。

以上分析说明，扰动项方差，即模型中的供给冲击、需求冲击以及货币供给冲击的转变，服从一个马尔可夫过程，而货币规则系数，即货币规

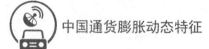

则系统性转变，则更倾向于服从另一个马尔可夫过程。事实上，外生冲击主要受外部因素的影响，比如技术进步、全球经济周期、美国次贷危机等因素，而货币规则系统性转变可能是由于货币体系内部的原因，比如央行行长的更迭、金融环境的改善等因素。

4.3.2 结果分析

4.3.2.1 模型 2v2Rm 的估计结果

模型 2v2Rm 为扰动项存在二区制、货币规则系数存在二区制，两者为二重链的马尔可夫转移模型，写成如下方程组：

$$\text{方程 1：} GDP_t = \sum_{\rho=1}^{3} \left(a_{11\rho} GDP_{t-\rho} + a_{12\rho} \pi_{t-\rho} + a_{13\rho} m_{t-\rho} \right) + con_1 + v_{1t}(s_{1t}) \quad (4.12)$$

$$\text{方程 2：} \pi_t = b_{21} GDP_t + \sum_{\rho=1}^{3} \left(b_{21\rho} GDP_{t-\rho} + b_{22\rho} \pi_{t-\rho} + b_{23\rho} m_{t-\rho} \right) + con_2 + v_{2t}(s_{2t})$$

$$(4.13)$$

$$\text{方程 3：} m_t = c_{31}(s_{2t}) GDP_t + c_{32}(s_{2t}) \pi_t + \sum_{\rho=1}^{3} \left(c_{31\rho}(s_{2t}) GDP_{t-\rho} \right.$$
$$\left. + c_{32\rho}(s_{2t}) \pi_{t-\rho} + c_{33\rho}(s_{2t}) m_{t-\rho} \right) + con_3 + v_{3t}(s_{1t}) \quad (4.14)$$

表 4.2 与表 4.3 如同 2v2Rm 假设一样，方程 1 与方程 2 的系数不随状态的变化而变化，所以 A_0 与 A_1 矩阵的第 1 列与第 2 列系数不变；方程 3 的系数会随着状态的变化而变化，所以第三列随 S_{2t} 的变化有所不同。表 4.4 也如同 2v2Rm 假设一样，方程的方差服从有两个区制的马尔可夫过程。

表 4.2　模型 2v2Rm 的 A_0 估计参数

$A_0(S_{1t}=1,\ S_{2t}=1)=$			$A_0(S_{1t}=1,\ S_{2t}=2)=$		
271.1029	−11.3472	−55.1271	271.1029	−11.3472	17.5462
0	1.1554	−0.7675	0	1.1554	0.0711
0	0	0.1225	0	0	1.1409
$A_0(S_{1t}=2,\ S_{2t}=1)=$			$A_0(S_{1t}=2,\ S_{2t}=2)=$		
271.1029	−11.3472	−55.1271	271.1029	−11.3472	17.5462
0	1.1554	−0.7675	0	1.1554	0.0711
0	0	0.1225	0	0	1.1409

表 4.3　模型 **2v2Rm** 的 A_+ 矩阵的估计

$A_+(S_{1t}=1, S_{2t}=1)=$			$A_+(S_{1t}=1, S_{2t}=2)=$		
429. 5417	3. 4519	−54. 4642	429. 5417	3. 4519	22. 7887
−0. 0098	0. 7124	−0. 8213	−0. 0098	0. 7124	−0. 1801
−0. 0014	0. 0093	0. 1019	−0. 0014	0. 0093	0. 0207
−74. 3183	−40. 5779	5. 2102	−74. 3183	−40. 5779	41. 1998
−0. 037	0. 1329	0. 028	−0. 037	0. 1329	0. 1308
−0. 0131	−0. 0202	0. 0012	−0. 0131	−0. 0202	0. 0657
−84. 103	25. 7797	−5. 8618	−84. 103	25. 7797	−46. 3524
−0. 0012	0. 1888	−0. 0176	−0. 0012	0. 1888	−0. 0825
0. 0061	0. 0193	0. 0031	0. 0061	0. 0193	0. 1681
0. 0445	0. 0019	−0. 0068	0. 0445	0. 0019	0. 0083
$A_+(S_{1t}=2, S_{2t}=1)=$			$A_+(S_{1t}=2, S_{2t}=2)=$		
429. 5417	3. 4519	−54. 4642	429. 5417	3. 4519	22. 7887
−0. 0098	0. 7124	−0. 8213	−0. 0098	0. 7124	−0. 1801
−0. 0014	0. 0093	0. 1019	−0. 0014	0. 0093	0. 0207
−74. 3183	−40. 5779	5. 2102	−74. 3183	−40. 5779	41. 1998
−0. 037	0. 1329	0. 028	−0. 037	0. 1329	0. 1308
−0. 0131	−0. 0202	0. 0012	−0. 0131	−0. 0202	0. 0657
−84. 103	25. 7797	−5. 8618	−84. 103	25. 7797	−46. 3524
−0. 0012	0. 1888	−0. 0176	−0. 0012	0. 1888	−0. 0825
0. 0061	0. 0193	0. 0031	0. 0061	0. 0193	0. 1681
0. 0445	0. 0019	−0. 0068	0. 0445	0. 0019	0. 0083

表 4.4　模型 **2v2Rm** 的方差估计

$\sigma(S_{1t}=1, S_{2t}=1)=$			$\sigma(S_{1t}=1, S_{2t}=2)=$		
1	0	0	1	0	0
0	1	0	0	1	0
0	0	1	0	0	1
$\sigma(S_{1t}=2, S_{2t}=1)=$			$\sigma(S_{1t}=2, S_{2t}=2)=$		
18. 103	0	0	18. 103	0	0
0	7. 7948	0	0	7. 7948	0
0	0	2. 6838	0	0	2. 6838

由表 4.5 可以看出，货币规则方程的参数估计值是 A_0 矩阵的第三列，如同假设的一样，2v2Rm 是假设 IS 方程与 AS 方程的系数不会随状态发生变化，MP 方程的系数会随着状态 S_2 发生变化。当 $S_2 = 1$ 时，货币规则为顺经济周期的适应性货币政策，以刺激经济增长为目的；当 $S_2 = 2$ 时，货币规则为逆经济周期的预防性货币政策，以稳定物价为目的。

表 4.5　模型 2v2Rm 的 A_0 对角线单位化后的估计参数

$A_0(S_{1t}=1, S_{2t}=1)=$			$A_0(S_{1t}=1, S_{2t}=2)=$		
1.00	−9.82	−450.02	1.00	−9.82	15.38
0.00	1.00	−6.27	0.00	1.00	0.06
0.00	0.00	1.00	0.00	0.00	1.00
$A_0(S_{1t}=2, S_{2t}=1)=$			$A_0(S_{1t}=2, S_{2t}=2)=$		
1.00	−9.82	−450.02	1.00	−9.82	15.38
0.00	1.00	−6.27	0.00	1.00	0.06
0.00	0.00	1.00	0.00	0.00	1.00

表 4.6　模型 2v2Rm 的 A_0 对角线单位化后 A_+ 矩阵的估计

$A_+(S_{1t}=1, S_{2t}=1)=$			$A_+(S_{1t}=1, S_{2t}=2)=$		
1.58	2.99	−444.61	1.58	2.99	19.97
0.00	0.62	−6.70	0.00	0.62	−0.16
0.00	0.01	0.83	0.00	0.01	0.02
−0.27	−35.12	42.53	−0.27	−35.12	36.11
0.00	0.12	0.23	0.00	0.12	0.11
0.00	−0.02	0.01	0.00	−0.02	0.06
−0.31	22.31	−47.85	−0.31	22.31	−40.63
0.00	0.16	−0.14	0.00	0.16	−0.07
0.00	0.02	0.03	0.00	0.02	0.15
0.00	0.00	−0.06	0.00	0.00	0.01
$A_+(S_{1t}=2, S_{2t}=1)=$			$A_+(S_{1t}=2, S_{2t}=2)=$		
1.58	2.99	−444.61	1.58	2.99	19.97
0.00	0.62	−6.70	0.00	0.62	−0.16
0.00	0.01	0.83	0.00	0.01	0.02
−0.27	−35.12	42.53	−0.27	−35.12	36.11

续表

$A_+(S_{1t}=2, S_{2t}=1)=$			$A_+(S_{1t}=2, S_{2t}=2)=$		
0.00	0.12	0.23	0.00	0.12	0.11
0.00	−0.02	0.01	0.00	−0.02	0.06
−0.31	22.31	−47.85	−0.31	22.31	−40.63
0.00	0.16	−0.14	0.00	0.16	−0.07
0.00	0.02	0.03	0.00	0.02	0.15
0.00	0.00	−0.06	0.00	0.00	0.01

为了便于比较，将表4.2中 A_0 矩阵对角线单位化则以上估计值转换如表4.5至表4.7。由表4.7可以看出，2v2Rm 假设3个方程的方差服从一个 Markov 链过程，由于 A_0 对角线单位化，则把方程3的系数服从 Markov 链过程的变化引入方差当中。所以表4.7中第三个方程（即货币规则方程）的方差可以理解为，除了外来扰动，货币规则的变化对货币供给扰动也会带来影响。方程1与方程2的方差受到 S_1 状态的影响，当 $S_1=1$ 时，方程1与方程2的扰动项方差较小；当 $S_1=2$ 时，方程1与方程2的扰动项方差较大。方程3同时受到 S_1 与 S_2 状态变化的影响，当 $S_1=1$ 时的扰动项方差小于当 $S_1=2$ 时的扰动项方差，当 $S_2=1$ 时的扰动项方差要大于 $S_2=2$ 时的扰动项方差。

表4.7　模型 2v2Rm 的 A_0 对角线单位化后的方差估计值

$\sigma(S_{1t}=1, S_{2t}=1)=$			$\sigma(S_{1t}=1, S_{2t}=2)=$		
0.004	0	0	0.004	0	0
0	0.866	0	0	0.866	0
0	0	8.163	0	0	0.877
$\sigma(S_{1t}=2, S_{2t}=1)=$			$\sigma(S_{1t}=2, S_{2t}=2)=$		
0.067	0	0	0.067	0	0
0	6.746	0	0	6.746	0
0	0	21.909	0	0	2.352

模型 2v2Rm 的转移概率估计如表4.8所示。

表 4.8　模型 2v2Rm 的转移概率矩阵

	$S_{1t-1}=1$，$S_{2t-1}=1$	$S_{1t-1}=1$，$S_{2t-1}=2$	$S_{1t-1}=2$，$S_{2t-1}=1$	$S_{1t-1}=2$，$S_{2t-1}=2$
$S_{1t}=1$，$S_{2t}=1$	0.425	0.014	0.032	0.001
$S_{1t}=1$，$S_{2t}=2$	0.326	0.738	0.025	0.056
$S_{1t}=2$，$S_{2t}=1$	0.141	0.005	0.534	0.017
$S_{1t}=2$，$S_{2t}=2$	0.108	0.244	0.409	0.926

　　由表 4.8 可以看出，模型在 $S_1=2$ 且 $S_2=2$ 的状态停留的概率最大，时间最久，停留时间为 $1/(1-0.926)=13.51$ 个月；然后依次是停留在 $S_1=1$ 且 $S_2=2$ 的状态，停留时间为 $1/(1-0.738)=3.82$ 个月；停留在 $S_1=2$ 且 $S_2=1$ 的状态，时间为 $1/(1-0.534)=2.15$ 个月；停留在 $S_1=1$ 且 $S_2=1$ 的状态，时间为 $1-(0.425)=1.74$ 个月。

　　根据以上分析，可以把表 4.6 至表 4.8 中有关方程 3（货币规则方程）的变化总结在表 4.9 中。表 4.9 中的估计参数意味着：①我国货币规则大部分时间都处在"外生冲击高扰动"状态与"逆经济周期的预防性货币政策"状态，此时扰动项的标准差为 2.352，较小。②我国也在"外生冲击低扰动"状态时，实施过逆经济周期的"预防性货币政策"，此时扰动项的标准差最小，只有 0.877。③我国在"外生冲击高扰动"状态时也实施过顺经济周期的"适应性货币政策"，扰动项的标准差达到最大，为 21.909。④我国既处于外生冲击低扰动的状态，同时实施的又是顺经济周期的"适应性货币政策"，持续时间较短，一般只持续一个月就会发生转变。

表 4.9　货币规则方程系数估计

$S_{1t}=1$ "外生冲击低扰动区制"；$S_{2t}=1$ 顺经济周期的"适应性货币政策"				$S_{1t}=1$ "外生冲击低扰动区制"；$S_{2t}=2$ 逆经济周期的"预防性货币政策"			
c_{31}	c_{32}	标准差	概率	c_{31}	c_{32}	标准差	概率
450.02	6.27	8.163	0.425	−15.38	−0.06	0.877	0.738
$S_{1t}=2$ "外生冲击高扰动区制"；$S_{2t}=1$ 顺经济周期的"适应性货币政策"				$S_{1t}=2$ "外生冲击高扰动区制"；$S_{2t}=2$ 逆经济周期的"预防性货币政策"			
c_{31}	c_{32}	标准差	概率	c_{31}	c_{32}	标准差	概率
450.02	6.27	21.909	0.534	−15.38	−0.06	2.352	0.926

图 4.1 为模型 2v2Rm 的平滑概率曲线，P_{11} 为 $S_1 = 1$ 且 $S_2 = 1$ 状态时的平滑概率，P_{12} 为 $S_1 = 1$ 且 $S_2 = 2$ 状态时的平滑概率，P_{21} 为 $S_1 = 2$ 且 $S_2 = 1$ 时的平滑概率，P_{22} 为 $S_1 = 2$ 且 $S_2 = 2$ 状态时的平滑概率。从图 4.1 可以看出，模型处于 $S_1 = 1$ 且 $S_2 = 1$ 状态时的概率很小，即使处在这个状态，但很快（一个月）就转移到其他状态，而模型绝大部分时间均处于 $S_1 = 2$ 且 $S_2 = 2$ 状态。与前面的分析结论一致。

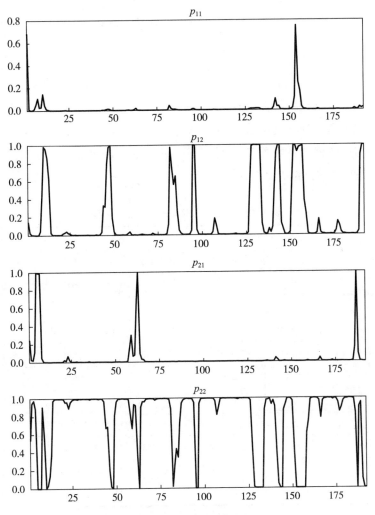

图 4.1　模型 2v2Rm 的平滑概率曲线

4.3.2.2 模型 3v2Rm 的估计结果

模型 3v2Rm 为扰动项存在三区制、货币规则系数存在二区制，两者为二重链的马尔可夫转移模型，写成方程组为：

$$GDP_t = \sum_{\rho=1}^{3} (a_{11\rho} GDP_{t-\rho} + a_{12\rho} \pi_{t-\rho} + a_{13\rho} m_{t-\rho}) + con_1 + v_{1t}(s_{1t}) \quad (4.15)$$

$$\pi_t = b_{21} GDP_t + \sum_{\rho=1}^{3} (b_{21\rho} GDP_{t-\rho} + b_{22\rho} \pi_{t-\rho} + b_{23\rho} m_{t-\rho}) + con_2 + v_{2t}(s_{2t}) \quad (4.16)$$

$$m_t = c_{31}(s_{2t}) GDP_t + c_{32}(s_{2t}) \pi_t + \sum_{\rho=1}^{3} (c_{31\rho}(s_{2t}) GDP_{t-\rho} +$$
$$c_{32\rho}(s_{2t}) \pi_{t-\rho} + c_{33\rho}(s_{2t}) m_{t-\rho}) + con_3 + v_{3t}(s_{1t}) \quad (4.17)$$

其中，Markov 过程 S_1 有三种状态，Markov 过程 S_2 有两种状态。估计结果如表 4.10 至表 4.12 所示。如同 3v2Rm 假设一样，表 4.10 与表 4.11 中的方程 1 与方程 2 的系数不随状态的变化而变化，所以 A_0 与 A_1 矩阵的第 1 列与第 2 列的系数不变；而方程 3 的系数会随着状态的变化而变化，所以第三列随 S_{2t} 的变化而有所不同。

表 4.10　模型 3v2Rm 的 A_0 估计参数

$A_0(S_{1t}=1, S_{2t}=1)=$			$A_0(S_{1t}=1, S_{2t}=2)=$		
277.4431	−21.4671	−108.5552	277.4431	−21.4671	−35.4197
0	1.9641	−1.923	0	1.9641	0.075
0	0	0.1353	0	0	1.1856
$A_0(S_{1t}=2, S_{2t}=1)=$			$A_0(S_{1t}=2, S_{2t}=2)=$		
277.4431	−21.4671	−108.5552	277.4431	−21.4671	−35.4197
0	1.9641	−1.923	0	1.9641	0.075
0	0	0.1353	0	0	1.1856
$A_0(S_{1t}=3, S_{2t}=1)=$			$A_0(S_{1t}=3, S_{2t}=2)=$		
277.4431	−21.4671	−108.5552	277.4431	−21.4671	−35.4197
0	1.9641	−1.923	0	1.9641	0.075
0	0	0.1353	0	0	1.1856

表 4.11　模型 3v2Rm 的 A_+ 矩阵的估计

$A_+(S_{1t}=1, S_{2t}=1)=$			$A_+(S_{1t}=1, S_{2t}=2)=$		
428. 9692	-33. 5588	-108. 0276	428. 9692	-33. 5588	-59. 6146
-0. 0094	1. 5386	-1. 963	-0. 0094	1. 5386	-0. 1805
-0. 0004	0. 0086	0. 1211	-0. 0004	0. 0086	-0. 0027
-46. 4967	-0. 9879	-0. 1151	-46. 4967	-0. 9879	5. 2787
-0. 0457	0. 1586	0. 0302	-0. 0457	0. 1586	0. 1927
-0. 0109	-0. 0228	0. 0005	-0. 0109	-0. 0228	0. 042
-105. 017	13. 083	-0. 4154	-105. 017	13. 083	19. 0506
0. 0042	0. 1919	-0. 0067	0. 0042	0. 1919	-0. 0426
0. 0084	0. 0173	0. 0019	0. 0084	0. 0173	0. 1612
0. 0332	0. 0084	0. 0139	0. 0332	0. 0084	0. 0239
$A_+(S_{1t}=2, S_{2t}=1)=$			$A_+(S_{1t}=2, S_{2t}=2)=$		
428. 9692	-33. 5588	-108. 0276	428. 9692	-33. 5588	-59. 6146
-0. 0094	1. 5386	-1. 963	-0. 0094	1. 5386	-0. 1805
-0. 0004	0. 0086	0. 1211	-0. 0004	0. 0086	-0. 0027
-46. 4967	-0. 9879	-0. 1151	-46. 4967	-0. 9879	5. 2787
-0. 0457	0. 1586	0. 0302	-0. 0457	0. 1586	0. 1927
-0. 0109	-0. 0228	0. 0005	-0. 0109	-0. 0228	0. 042
-105. 017	13. 083	-0. 4154	-105. 017	13. 083	19. 0506
0. 0042	0. 1919	-0. 0067	0. 0042	0. 1919	-0. 0426
0. 0084	0. 0173	0. 0019	0. 0084	0. 0173	0. 1612
0. 0332	0. 0084	0. 0139	0. 0332	0. 0084	0. 0239
$A_+(S_{1t}=3, S_{2t}=1)=$			$A_+(S_{1t}=3, S_{2t}=2)=$		
428. 9692	-33. 5588	-108. 0276	428. 9692	-33. 5588	-59. 6146
-0. 0094	1. 5386	-1. 963	-0. 0094	1. 5386	-0. 1805
-0. 0004	0. 0086	0. 1211	-0. 0004	0. 0086	-0. 0027
-46. 4967	-0. 9879	-0. 1151	-46. 4967	-0. 9879	5. 2787
-0. 0457	0. 1586	0. 0302	-0. 0457	0. 1586	0. 1927
-0. 0109	-0. 0228	0. 0005	-0. 0109	-0. 0228	0. 042
-105. 017	13. 083	-0. 4154	-105. 017	13. 083	19. 0506
0. 0042	0. 1919	-0. 0067	0. 0042	0. 1919	-0. 0426
0. 0084	0. 0173	0. 0019	0. 0084	0. 0173	0. 1612
0. 0332	0. 0084	0. 0139	0. 0332	0. 0084	0. 0239

表 4.12 模型 3v2Rm 的方差估计

$\sigma(S_{1t}=1, S_{2t}=1)=$			$\sigma(S_{1t}=1, S_{2t}=2)=$		
1	0	0	1	0	0
0	1	0	0	1	0
0	0	1	0	0	1
$\sigma(S_{1t}=2, S_{2t}=1)=$			$\sigma(S_{1t}=2, S_{2t}=2)=$		
15.5112	0	0	15.5112	0	0
0	3.174	0	0	3.174	0
0	0	2.4494	0	0	2.4494
$\sigma(S_{1t}=3, S_{2t}=1)=$			$\sigma(S_{1t}=3, S_{2t}=2)=$		
6.8215	0	0	6.8215	0	0
0	0.2402	0	0	0.2402	0
0	0	1.5307	0	0	1.5307

由表 4.12 可知，如同 3v2Rm 的假设一样，3 个方程的方差均服从同一个 markov 链过程，因此当 S_1 发生变化时，方差也随着发生变化。根据 3 个方程不同的扰动项方差，所以可以判定当 $S_1=1$ 时，状态为生产冲击低扰动（方差为 1）、供给冲击中扰动（方差为 1）、货币冲击低扰动（方差为 1）；当 $S_1=2$ 时，状态为生产冲击高扰动（方差为 15.5112）、供给冲击高扰动（方差为 3.174）、货币供给高扰动（方差为 2.4494）；当 $S_1=3$ 时，状态为生产冲击中扰动（方差为 6.8215）、供给冲击低扰动（方差为 0.2402）、货币冲击中扰动（方差为 1.5307）。

为了便于比较，将表 4.10 中 A_0 矩阵对角线单位化，则以上估计值转换如表 4.13 至表 4.16 所示。

表 4.13 模型 3v2Rm 的 A_0 对角线单位化后的估计参数

$A_0(S_{1t}=1, S_{2t}=1)=$			$A_0(S_{1t}=1, S_{2t}=2)=$		
1.00	−10.93	−802.33	1.00	−10.93	−29.87
0.00	1.00	−14.21	0.00	1.00	0.06
0.00	0.00	1.00	0.00	0.00	1.00
$A_0(S_{1t}=2, S_{2t}=1)=$			$A_0(S_{1t}=2, S_{2t}=2)=$		
1.00	−10.93	−802.33	1.00	−10.93	−29.87
0.00	1.00	−14.21	0.00	1.00	0.06
0.00	0.00	1.00	0.00	0.00	1.00

$A_0(S_{1t}=3, S_{2t}=1)=$			$A_0(S_{1t}=3, S_{2t}=2)=$		
1.00	-10.93	-802.33	1.00	-10.93	-29.87
0.00	1.00	-14.21	0.00	1.00	0.06
0.00	0.00	1.00	0.00	0.00	1.00

由表 4.13 可以看出，货币规则方程的参数估计值是 A_0 矩阵的第三列，如同假设的一样，3v2Rm 是假设 IS 方程与 AS 方程的系数不会随状态发生变化，MP 方程的系数会随着状态 S_2 发生变化。当 $S_2=1$ 时，货币规则为顺经济周期的适应性货币政策，以刺激经济增长为目的；当 $S_2=2$ 时，货币规则为逆经济周期的预防性货币政策，以稳定物价为目的。

表 4.14 模型 3v2Rm 的 A_0 对角线单位化后 A_+ 矩阵的估计

$A_+(S_{1t}=1, S_{2t}=1)=$			$A_+(S_{1t}=1, S_{2t}=2)=$		
1.55	-17.09	-798.43	1.55	-17.09	-50.28
0.00	0.78	-14.51	0.00	0.78	-0.15
0.00	0.00	0.90	0.00	0.00	0.00
-0.17	-0.50	-0.85	-0.17	-0.50	4.45
0.00	0.08	0.22	0.00	0.08	0.16
0.00	-0.01	0.00	0.00	-0.01	0.04
-0.38	6.66	-3.07	-0.38	6.66	16.07
0.00	0.10	-0.05	0.00	0.10	-0.04
0.00	0.01	0.01	0.00	0.01	0.14
0.00	0.00	0.10	0.00	0.00	0.02
$A_+(S_{1t}=2, S_{2t}=1)=$			$A_+(S_{1t}=2, S_{2t}=2)=$		
1.55	-17.09	-798.43	1.55	-17.09	-50.28
0.00	0.78	-14.51	0.00	0.78	-0.15
0.00	0.00	0.90	0.00	0.00	0.00
-0.17	-0.50	-0.85	-0.17	-0.50	4.45
0.00	0.08	0.22	0.00	0.08	0.16
0.00	-0.01	0.00	0.00	-0.01	0.04
-0.38	6.66	-3.07	-0.38	6.66	16.07
0.00	0.10	-0.05	0.00	0.10	-0.04
0.00	0.01	0.01	0.00	0.01	0.14
0.00	0.00	0.10	0.00	0.00	0.02

$A_+(S_{1t}=3, S_{2t}=1)=$			$A_+(S_{1t}=3, S_{2t}=2)=$		
1.55	−17.09	−798.43	1.55	−17.09	−50.28
0.00	0.78	−14.51	0.00	0.78	−0.15
0.00	0.00	0.90	0.00	0.00	0.00
−0.17	−0.50	−0.85	−0.17	−0.50	4.45
0.00	0.08	0.22	0.00	0.08	0.16
0.00	−0.01	0.00	0.00	−0.01	0.04
−0.38	6.66	−3.07	−0.38	6.66	16.07
0.00	0.10	−0.05	0.00	0.10	−0.04
0.00	0.01	0.01	0.00	0.01	0.14
0.00	0.00	0.10	0.00	0.00	0.02

由表 4.15 可以看出，3v2Rm 假设 3 个方程的方差服从一个 Markov 链过程，由于 A_0 对角线单位化，则把方程 3 的系数服从 Markov 链过程的变化引入方差当中。所以表 4.15 中第三个方程（即货币规则方程）的方差可以理解为除了外来扰动，货币规则的变化对货币供给扰动也会带来影响。方程 1 与方程 2 的方差受到 S_1 状态的影响，当 $S_1=2$ 时，方程 1、方程 2 与方程 3 的扰动项方差均最大，可以判定该状态为高外生冲击扰动状态；当 $S_1=1$ 时，方程 1 与方程 3 的扰动项方差最小，方程 2 的扰动项方差居中，因而判定该状态为低外生冲击扰动状态；当 $S_1=3$ 时，方程 2 的扰动项方差最小，方程 1 和方程 3 的扰动项方差居中，因而判定该状态为中外生冲击扰动状态。方程 3 同时受到 S_1 与 S_2 状态变化的影响，当 $S_2=1$ 时的扰动项方差要大于 $S_2=2$ 时的扰动项方差。

表 4.15　模型 3v2Rm 的 A_0 对角线单位化后的方差估计值

$\sigma(S_{1t}=1, S_{2t}=1)=$			$\sigma(S_{1t}=1, S_{2t}=2)=$		
0.004	0.000	0.000	0.004	0	0
0.000	0.509	0.000	0	0.509	0
0.000	0.000	7.391	0	0	0.843
$\sigma(S_{1t}=2, S_{2t}=1)=$			$\sigma(S_{1t}=2, S_{2t}=2)=$		
0.056	0.000	0.000	0.056	0.000	0.000
0.000	1.616	0.000	0.000	1.616	0.000
0.000	0.000	18.103	0.000	0.000	2.066

$\sigma(S_{1t}=3,\ S_{2t}=1)=$			$\sigma(S_{1t}=3,\ S_{2t}=2)=$		
0.025	0.000	0.000	0.025	0.000	0.000
0.000	0.122	0.000	0.000	0.122	0.000
0.000	0.000	11.313	0.000	0.000	1.291

模型 3v2Rm 的转移概率估计如表 4.16 所示。

表 4.16　模型 3v2Rm 的转移概率矩阵

	$S_{1t-1}=1,$ $S_{2t-1}=1$	$S_{1t-1}=1,$ $S_{2t-1}=2$	$S_{1t-1}=2,$ $S_{2t-1}=1$	$S_{1t-1}=2,$ $S_{2t-1}=2$	$S_{1t-1}=3,$ $S_{2t-1}=2$	$S_{1t-1}=3,$ $S_{2t-1}=2$
$S_{1t}=1,\ S_{2t}=1$	0.469	0.015	0.021	0.001	0.000	0.000
$S_{1t}=1,\ S_{2t}=2$	0.368	0.822	0.017	0.038	0.000	0.000
$S_{1t}=2,\ S_{2t}=1$	0.091	0.003	0.517	0.017	0.129	0.004
$S_{1t}=2,\ S_{2t}=2$	0.072	0.160	0.406	0.906	0.101	0.227
$S_{1t}=3,\ S_{2t}=1$	0.000	0.000	0.021	0.001	0.431	0.014
$S_{1t}=3,\ S_{2t}=2$	0.000	0.000	0.017	0.038	0.338	0.755

根据表 4.16 可以看出，模型在 $S_1=2$ 且 $S_2=2$ 的状态停留概率最大，时间最久，停留时间为 $1/(1-0.906)=10.687$ 个月；其次是停留在 $S_1=1$ 且 $S_2=2$ 的状态，停留时间为 $1/(1-0.822)=5.614$ 个月；排在第三的是停留在 $S_1=3$ 且 $S_2=2$ 的状态，时间为 $1/(1-0.755)=4.083$ 个月；停留概率最小的是停留在 $S_1=3$ 且 $S_2=1$ 的状态，时间为 $1/(1-0.431)=1.758$ 个月。经过比较发现，模型在 S_1 三个状态中 $S_1=2$ 的状态停留最久，在 $S_1=3$ 的状态停留时间最短，在 $S_1=1$ 的状态停留时间居中；在 S_2 两个状态中的 $S_2=2$ 状态停留最久，在 $S_2=1$ 状态的停留时间最短。

根据以上分析，可以把表 4.14 至表 4.16 中有关方程 3（货币规则方程）的变化总结在表 4.17 当中。

表 4.17　货币规则方程系数估计

$S_{1t}=1$ "外生冲击低扰动区制"； $S_{2t}=1$ 顺经济周期的 "适应性货币政策"				$S_{1t}=1$ "外生冲击低扰动区制"； $S_{2t}=2$ 逆经济周期的 "预防性货币政策"			
c_{31}	c_{32}	标准差	概率	c_{31}	c_{32}	标准差	概率
802.33	14.21	7.391	0.469	29.87	-0.06	0.843	0.822

续表

$S_{1t}=2$ "外生冲击高扰动区制"；$S_{2t}=1$ 顺经济周期的"适应性货币政策"				$S_{1t}=2$ "外生冲击高扰动区制"；$S_{2t}=2$ 逆经济周期的"适应性货币政策"			
c_{31}	c_{32}	标准差	概率	c_{31}	c_{32}	标准差	概率
802.33	14.21	18.103	0.517	29.87	-0.06	2.066	0.906
$S_{1t}=3$ "外生冲击中扰动区制"；$S_{2t}=1$ 顺经济周期的"适应性货币政策"				$S_{1t}=3$ "外生冲击中扰动区制"；$S_{2t}=2$ 逆经济周期的"适应性货币政策"			
c_{31}	c_{32}	标准差	概率	c_{31}	c_{32}	标准差	概率
802.33	14.21	11.313	0.431	29.87	-0.06	1.291	0.755

表4.17中的估计参数意味着：①我国货币规则大部分时间都处在"外生冲击高扰动"状态与"逆经济周期的预防性货币政策"状态，此时扰动项的标准差为2.066，较小。②出现概率第二大的状态是，我国在"外生冲击低扰动"状态时，货币政策为逆经济周期的"预防性货币政策"，此时扰动项的标准差最小，只有0.843。③我国在"外生冲击高扰动"状态时，货币政策时顺经济周期的"适应性货币政策"，此时扰动项的标准差达到最大，为21.909。④无论该时期实施的货币政策是何种类型，我国处于外生冲击中扰动状态的持续时间均最短。

图4.2为模型3v2Rm的平滑概率曲线，P_{11} 为 $S_1=1$ 且 $S_2=1$ 状态时的平滑概率，P_{12} 为 $S_1=1$ 且 $S_2=2$ 状态时的平滑概率，P_{21} 为 $S_1=2$ 且 $S_2=1$ 时的平滑概率，P_{22} 为 $S_1=2$ 且 $S_2=2$ 状态时的平滑概率，P_{31} 为 $S_1=3$ 且 $S_2=1$ 时的平滑概率，P_{32} 为 $S_1=3$ 且 $S_2=2$ 状态时的平滑概率。从图4.2可以看出模型处于 $S_1=3$ 且 $S_2=1$ 状态时的概率很小，即使处在这个状态，但很快（1.7个月）就转移到其他状态，而模型绝大部分时间均处于 $S_1=2$ 且 $S_2=2$ 状态。与前面的分析结论一致。

4.3.2.3 模型2Rm的估计结果

本部分将讨论货币规则存在两个区制情况下的主要结论。研究货币规则存在区制转移的理由如下：首先，这种类型的马尔可夫转换模型与已有相关文献相类似（张成思，2009，2010）；其次，这种模型可以很好地分析货币规则改变所产生的影响，因为它很直观地给出了货币规则的不同区制。

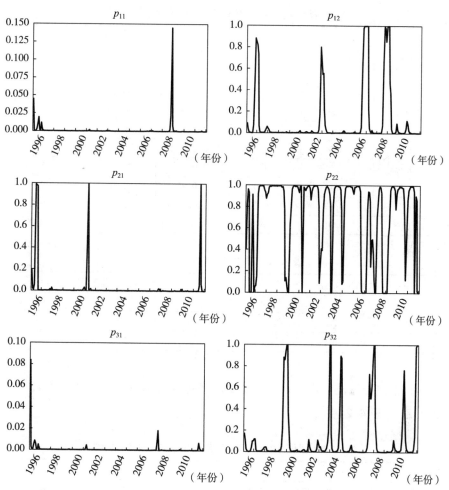

图4.2　模型 3v2Rm 的平滑概率曲线

将模型 2Rm 作为基准模型进行研究。只考虑货币规则存在区制转移，而假设扰动项方差不随时间变化。估计结果如表 4.18 至表 4.21 所示。

表4.18　模型 2Rm 的 A_0 估计参数

	$A_0(S_{2t}=1)=$			$A_0(S_{2t}=2)=$	
481.96	3.66	−74.14	481.96	3.66	−109.95
0.00	2.05	−0.82	0.00	2.05	0.20
0.00	0.00	0.21	0.00	0.00	1.71

表 4.19　模型 2Rm 的 A_+ 矩阵的估计

$A_+(S_{2t}=1)=$			$A_+(S_{2t}=2)=$		
716.14	20.45	−74.19	716.14	20.45	−110.62
0.06	1.58	−0.88	0.06	1.58	−0.33
0.00	0.02	0.19	0.00	0.02	−0.01
−24.02	−42.50	−7.08	−24.02	−42.50	−94.81
−0.05	0.21	0.03	−0.05	0.21	0.29
−0.01	−0.05	0.00	−0.01	−0.05	0.12
−210.15	25.71	7.15	−210.15	25.71	95.65
−0.05	0.18	−0.01	−0.05	0.18	−0.05
0.01	0.03	0.00	0.01	0.03	0.29
0.03	0.01	0.00	0.03	0.01	0.00

表 4.20　模型 2Rm 的方差估计

$\sigma(S_{1t}=1, S_{2t}=1)=$			$\sigma(S_{1t}=1, S_{2t}=2)=$		
1	0	0	1	0	0
0	1	0	0	1	0
0	0	1	0	0	1

为了便于比较，将表 4.19 中 A_0 矩阵对角线单位化，则估计值转换如表 4.21 至表 4.24 所示。

表 4.21　模型 2Rm 的 A_0 对角线单位化后的估计参数

$A_0(S_{2t}=1)=$			$A_0(S_{2t}=2)=$		
1.00	1.78	−345.47	1.00	1.78	−64.32
0.00	1.00	−3.82	0.00	1.00	0.11
0.00	0.00	1.00	0.00	0.00	1.00

由表 4.21 可以看出，货币规则方程的参数估计值是 A_0 矩阵的第三列，如同假设的一样，2Rm 是假设模型中 3 个方程的方差均不会随状态变化而变化，IS 方程与 AS 方程的系数不会随状态发生变化，MP 方程的系数会随着状态 S_2 发生变化。当 $S_2=1$ 时，货币规则为顺通胀周期适应性货币政策，以刺激经济增长为目的；当 $S_2=2$ 时，货币规则为逆通胀周期的预防性货币政策，以稳定物价为目的。

表 4.22 模型 2Rm 的 A_0 对角线单位化后 A_+ 矩阵的估计

$A_+(S_{2t}=1)=$			$A_+(S_{2t}=2)=$		
1.49	9.95	-345.70	1.49	9.95	-64.72
0.00	0.77	-4.11	0.00	0.77	-0.19
0.00	0.01	0.88	0.00	0.01	-0.01
-0.05	-20.68	-33.01	-0.05	-20.68	-55.47
0.00	0.10	0.16	0.00	0.10	0.17
0.00	-0.02	0.01	0.00	-0.02	0.07
-0.44	12.51	33.30	-0.44	12.51	55.96
0.00	0.09	-0.03	0.00	0.09	-0.03
0.00	0.01	0.02	0.00	0.01	0.17
0.00	0.01	0.00	0.00	0.01	0.00

由表 4.23 可以看出，2Rm 假设 3 个方程的方差不随状态的变化而变化，由于 A_0 对角线单位化，则把方程 3 的系数服从 Markov 链过程的变化引入方差当中。所以表 4.24 中第三个方程（即货币规则方程）的方差可以理解为货币规则的变化对货币供给扰动的影响，当 $S_2=1$ 时的扰动项方差要大于 $S_2=1$ 时的扰动项方差（4.66>0.59）。

表 4.23 模型 2Rm 的 A_0 对角线单位化后的方差估计值

$\sigma(S_{2t}=1)=$			$\sigma(S_{2t}=2)=$		
0.00	0.00	0.00	0.00	0.00	0.00
0.00	0.49	0.00	0.00	0.49	0.00
0.00	0.00	4.66	0.00	0.00	0.59

转移概率估计如表 4.24 所示。

表 4.24 模型 2Rm 的转移概率矩阵

	$S_{2t-1}=1$	$S_{2t-1}=2$
$S_{2t}=1$	0.53	0.03
$S_{2t}=2$	0.47	0.97

从表 4.24 可以看出，模型在 $S_2=2$ 状态停留的概率最大，时间最久，

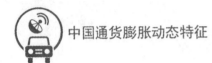

停留时间为 1/（1−0.97）= 37.88 个月；其次是停留在 $S_2 = 1$ 的状态，停留时间为 1/（1−0.53）= 2.12 个月。根据以上分析，可以把表 4.21 至表 4.23 中有关方程 3（货币规则方程）的变化总结在表 4.25 当中。

表 4.25 中的估计参数意味着：①我国货币规则大部分时间都处在"逆通胀周期的预防性货币政策"状态，此时扰动项的标准差为 0.59，扰动程度较小。②我国在顺通胀周期的"适应性货币政策"状态扰动项的标准差为 4.66，扰动程度较大，但是停留的时间较短。

表 4.25　货币规则方程系数估计

$S_{2t} = 1$ 顺通胀周期的"适应性货币政策"				$S_{2t} = 2$ 逆通胀周期的"预防性货币政策"			
c_{31}	c_{32}	标准差	概率	c_{31}	c_{32}	标准差	概率
345.47	3.82	4.66	0.53	64.32	−0.11	0.59	0.97

从图 4.3 可以看出，我国在 1996 年、2001 年、2009 年以及 2011 年前后实施的货币政策是适应性货币政策。

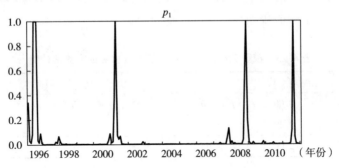

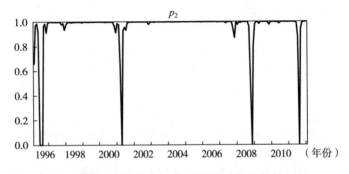

图 4.3　模型 2Rm 的平滑转移概率曲线

从以上实证结果可以看出，在一系列的 MS 模型中，模型 3v2Rm 和模型 2v2Rm 是拟合程度较好的两个模型，其中模型 3v2Rm 比模型 2v2Rm 能更好地捕捉 GDP 增长、通货膨胀率与货币供给量之间的关系。也就是说，在不同的状态相互独立、互不影响的假设下，对于外生冲击扰动，分为高、中、低三个状态，要比仅仅分为两个状态更能够反映真实的数据特征；内生货币规则更有可能存在两个状态。从模型估计来看，我国最经常出现的状态是，遭遇中等强烈的外生冲击而采用逆经济周期的预防性货币政策以熨平通货膨胀波动，但一旦此时采取顺经济周期的适应性货币政策则会极大程度地加剧通货膨胀波动。由此看来，维持稳健型货币政策的稳定性，对保持通货膨胀预期乃至物价稳定是极其重要的。

Simons（1936）最早将政策规则定义为，货币政策规则是一种完全排除对货币政策当局干扰的规则。现行的货币政策规则主要包括泰勒规则和麦克勒姆规则。货币政策规则意味着对某种目标（如通胀率等）作出事先承诺；而相机抉择的货币政策是指，货币当局或中央银行根据当时的经济形势灵活调整货币政策，试图实现每一个时点上的决策最优。经济学家们对于货币政策究竟是应该遵守规则，还是应该相机抉择一直争论不休。一方认为，央行对规则进行承诺能够有效约束央行的投机行为，树立公众对央行的信心，稳定公众的政策预期，从而避免制度性的通货膨胀。另一方则认为，相机抉择策略有助于央行应付无法预期的突发事件以及制度僵化所带来的产出波动。经验证明，相机抉择的政策有时会成功，有时不会成功（Bain Keith 和 Howells Peter，2013）。实际上，规则与相机抉择之间并没有完全清晰的划分，两者之间存在着许多中间状态。制定货币规则的目的在于使政策行为变得可预测，同时使货币当局为其政策效果负责。通常，固定规则要求：①央行的目的非常明确；②试图通过政策直接实现目标；③尽可能地让公众了解整个政策。当三个条件不可能实现时，央行有可能进行相机抉择的货币政策。

通货膨胀目标制是一种灵活的固定货币规则。通胀目标制将价格长期稳定作为货币政策首要目标，意味着中央银行对价格稳定目标许下了承诺。但是这并不意味着央行只要固守承诺而无视实际经济状况的改变。事实上，通胀目标制允许货币当局在事先承诺目标的约束下采取一定的相机

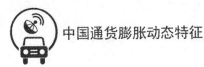

抉择，因而又称为"限制性相机抉择"（Bernanke 和 Boivin，2003）。既具备简单工具"规则"的可信度和透明度，又具备"相机抉择"的灵活性。通胀目标制因此也被尊为"货币政策操作的新范式"，并在实践中得到了普遍推广。

因此，在中国经济转型时期采用稳定的通货膨胀目标制应该是治理通货膨胀、实现转型平稳过渡的方法之一。

4.4　本章小结

从模型估计来看，我国最常出现的状态是在遭遇中等强烈的外生冲击时采用逆经济周期的预防性货币政策以熨平通货膨胀波动，若此时采用顺经济周期的适应性货币政策则会推高通货膨胀波动。由此看来，维持稳健型货币政策的稳定性，对保持通货膨胀预期乃至物价稳定具有极其重要的意义。

第❺章
中国区域和部门 CPI 指数波动源分解

前两章研究了通货膨胀在总量层次的动态路径，发现影响通胀率发生区制转移的因素为宏观经济冲击、货币供给冲击以及货币政策规则冲击等宏观层面的冲击。如果我们将通货膨胀细分到区域或部门层次，这个层次的通货膨胀还会受到其他冲击的影响吗？中国正处于计划经济体制向市场经济体制的转型时期，市场机制的不尽完善导致价格体系扭曲。有些产品价格快速上升，有些产品价格则具有下降的趋势，还有一些产品价格则长期保持在较稳定的状态。另外，不同地区的通货膨胀程度也不尽相同。那么，为什么价格体系发生扭曲，我国区域、部门价格指数动态变化的原因又是什么？不同地区通货膨胀是来源于相同的因素，还是存在明显的差异？对以上问题的研究，不仅能让我们观察和把握到中国近年通货膨胀的现实状态，还能够为理解中国的通货膨胀提供一个新视角。

本章尝试采用 Esteban 偏离—份额时间序列模型，探寻我国居民消费价格波动的各种可能来源，并进一步比较其地区差异。偏离—份额分析第一次出现是在 Dunn（1960）的论文中，该方法的优点是，可以从行业和地区的角度来研究经济问题，近年来被广泛用于城市经济和地区经济学。Esteban（1972）引入了"同位变量"（Homothetic Change）将地区经济增长拓展为四个分量。新增分量称为分配分量，是 Esteban 模型中特有的部分，由产业结构分量和竞争力分量相互作用而引起。一些学者将时间序列模型引入偏离—份额分析以预测地区经济增长分解式中的分量（Stevens 和 Moore，1980），Carlton（1986）将 Shift – share 分析与结构向量自回归（SVAR）模型相结合，以评价分量之间的相对重要性。本章参照 Chiang

（2011）的做法，将 Esteban 模型适当变形用于分析地区 CPI 波动差异；然后利用 SVAR 方差分解，评价并比较我国东、中、西部三个地区通货膨胀来源的相对重要性。

5.1 我国不同地区、部门 CPI 指数波动差异比较

国家统计局编制了居民消费价格指数（Consumer Price Index，CPI），以反映一定时期全国与各省份居民所购买的生活消费品价格和服务项目价格的变动趋势与程度。居民消费价格指数由 8 个行业的价格指数组成（括号里为该价格指数的权重），分别为食品（32.7%）、居住（13.2%）、医疗保健和个人用品（10.0%）、娱乐教育文化（14.2%）、交通和通信（10.4%）、衣着（9.1%）、家庭设备用品及服务（6.0%）、烟酒及用品（3.9%）消费价格指数。进入 21 世纪后，我国市场机制在资源配置中的作用逐步强化，居民消费价格指数的市场含义日渐丰富，由于我国区域发展不均衡，东、中、西部[①]三个地区价格指数的比较值得关注。

本章使用的价格指数是以 2001 年 1 月为基期的定基指数。由于本章把通货膨胀定义为价格水平的变动率，因此必须在基期数据的基础上进行计算。此外，国际上通行价格数据是基期数据，而国家统计局提供的价格指数均为同比月度数据和环比月度数据。因而本章根据 2003 年 1 月至 2012 年 1 月的环比月度数据以及 2001 年 1 月至 2012 年 1 月的同比数据，推算出以 2001 年 1 月为基期的价格指数。原始数据均来自中经网数据库，时间跨度为 2001 年 1 月至 2012 年 1 月，一共有 133 个观测值。由于换算后的基期价格资料表现出较大的季节性波动，所有的资料都进行了 X-11 季节

---

① 按照国家统计局 2003 年公布的标准，现将我国经济地区划分为东、中、西部三大地区。广西壮族自治区和内蒙古自治区虽然不是西部地区，但同样享受西部大开发政策，因而本书将广西壮族自治区和内蒙古自治区也归到西部地区。所以西部地区包括的省级行政区共 12 个，分别是四川省、重庆市、贵州省、云南省、西藏自治区、陕西省、甘肃省、青海省、宁夏回族自治区、新疆维吾尔自治区、广西壮族自治区、内蒙古自治区；中部地区有 8 个省级行政区，分别是山西省、吉林省、黑龙江省、安徽省、江西省、河南省、湖北省、湖南省；东部地区包括北京市、天津市、河北省、辽宁省、上海市、江苏省、浙江省、福建省、山东省、广东省和海南省 11 个省（市）。

调整。然后按照权重①将各个地区中的各省份八大类价格指数分别进行加权平均，即得到三个地区八大类居民消费价格的基期数据。

从总体来看，三个地区的价格水平明显上扬，中、西部价格上涨速度趋同，明显高于东部地区，并且差距不断拉大（见图5.1）。这是因为长期以来我国优先发展东部的国家战略，造成东部地区经济发展大大快于中、西部地区；而从2000年开始，中国实施"西部大开发"战略，把东部沿海地区的剩余经济发展能力，用以提高西部地区的经济和社会发展水平，西部地区价格上涨最快。由于中、西部经济格局相类似，所以中、西部地区价格趋同，而东部与中、西部地区的通货膨胀差距越来越大。从图5.1

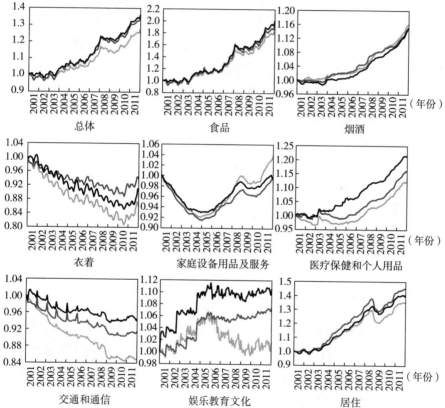

图5.1 2001年1月至2012年1月我国通货膨胀的地区差异与产品差异

注：浅灰、深灰、黑色线分别代表东部、中部、西部。

资料来源：中经网数据库与笔者计算。

---

① 权重等于某省份特定价格行业消费支出除以该省所在地区该价格行业的消费支出的总和。

可以看出的是，东、中、西部价格增长的快慢程度，而不是三个地区的实际价格水平。因为这里将 2001 年 1 月设为基期，即假设这三个地区的价格基数相等且均为 1。实际上，东、中、西部地区在这个时候的真实价格并不相等，并且差异较大。

从各种商品价格来看，不同商品的价格水平有不同的动态特征。在纳入居民消费价格指数统计范围的八大类商品和服务中，食品、烟酒、家庭设备用品及服务、医疗保健和个人用品、娱乐教育文化、居住类的价格水平均呈现不同程度价格上扬的趋势，其中食品类与居住类价格水平上涨最快、幅度最大；而衣着类、交通与通信类价格水平则呈下跌趋势，其中衣着类在 2010 年后才呈现价格上涨的趋势。比较各个地区，仅家庭设备及服务类价格指数上涨速度东部高于中、西部地区，烟酒类价格指数东、中、西部基本持平；食品、衣着、医疗保健和个人用品、交通和通信、娱乐教育文化、居住六大类中部与西部均明显高于东部。东、中、西部物价上涨速度差异明显，值得进一步关注。

5.2 分解方法

首先，使用偏离—份额分析对通货膨胀来源进行分解；其次，利用 SVAR 模型衡量通货膨胀四个来源的相对重要性。

5.2.1 偏离—份额分析

传统的偏离—份额分析（Shift-share Analysis）又称为增长因素分析法，被广泛应用于地区增长分析。它是以一定时期全国经济增长的平均速度为基准，分别测算不同地区按照这种平均增长速度所可能形成的虚假份额，进而把这一虚假份额同实际增长份额进行对比，分析地区增长相对于全国平均增长水平的偏离状况，并运用地区产业结构因素和区位竞争力因素解释这种偏离（蒋媛媛，2011）。Coulson（1993）将偏离—份额分析拓展到时间序列领域，与结构向量自回归（SVAR）模型相结合，Chiang（2011）根据 Coulson（1993）的做法，并将 Shift-share 分析拓展到 Esteban 模型。从本质上讲，偏离—份额分析测度的是均值与偏离的关系（Loveridge 和 Selting，1998）。葛新权（1994）认为，进行偏离—份额分析时应该使用相对指标而不是总量指标。因为总量指标只能反映规模的不同，不能反映竞争力强弱的不同；而相对指标能够反映竞争力的强弱，具有可比性。因而，偏离—份额分析并不是只应用在实质变量变动率上，例如经济增长率和失业率，同样可以应用在诸如股票报酬率和通货膨胀率这样的名义变量变动率上。

Esteban 模型在价格水平上应用可以描绘如式（5.1）所示。

$$\Delta P_{ij} = P_{ij} \times \frac{\Delta P}{P} + P_{ij} \times \left(\frac{\Delta P_j}{P_j} - \frac{\Delta P}{P} \right) + P_{ij} \times \left(\frac{\Delta P_i}{P_i} - \frac{\Delta P}{P} \right) + P_{ij} \times \left[\left(\frac{\Delta P_{ij}}{P_{ij}} - \frac{\Delta P_i}{P_i} \right) - \left(\frac{\Delta P_j}{P_j} - \frac{\Delta P}{P} \right) \right]$$

（5.1）

其中，$i=1$，$\cdots$，8，代表各个行业；$j=1$，2，3，代表东、中、西部。P、P_i、P_j、P_{ij} 分别代表总体价格水平、行业 i 价格水平、地区 j 价格水平、行业 i 地区 j 的价格水平。本章定义通货膨胀率为 $I = \frac{\Delta P}{P}$。方程（5.1）两边同时除以 P_{ij}，可得到通货膨胀率的偏离—份额方程如式（5.2）所示。

$$I_{ij} = I + (I_i - I) + (I_j - I) + \left[(I_{ij} - I_j) - (I_i - I) \right]$$
$$= NS_{ij} + PS_{ij} + DS_{ij} + IS_{ij}$$

（5.2）

在 Esteban 模型中，地区、部门通货膨胀可以分解为四个部分：第一部分是共同成分（NS），指该地区按照国家价格总水平的平均增长速度发展所增加的份额，从而衡量通货膨胀的共性部分，体现了通货膨胀周期对地区通货膨胀的影响，即共同效应。

第二部分是行业偏离分量（PS），指按照特定价格行业的全国平均价格增长率与按照全国 CPI 所有价格行业平均增长率之间所产生的差额（$I_i - I$），体现了行业相对价格差异所导致的通货膨胀差异，是一种结构效应（Industrial Mix Effect）。若一个国家或地区 CPI 结构是以国民经济中消费者支出比重最大的价格行业占主导地位，则该行业偏离分量为正；反之，若带动该国家价格增长的行业恰好是国民经济中消费者支出比重较小的价格行业时，则其行业偏离分量为负。根据刘世锦、陈昌盛和许召元（2012），一般供给弹性小、技术进步慢和劳动生产率增长慢的行业价格会优先调整，表现为较大的正向行业价格偏离；反之，则表现为负向的行业价格

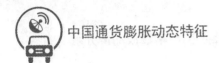

偏离。

第三部分是区位偏离分量（DS），指按照特定地区的平均价格增长率与全国平均价格增长率之间所产生的偏离份额（$I_j - I$），它反映了该地区价格增长快于其他地区的领先程度，是一种空间效应。若一个地区价格变动的平均速度快于全国平均水平，则该区位偏离分量为正；反之，则区位偏离分量为负。

第四部分是特质偏离分量（IS），由行业偏离分量与区位偏离分量相互作用而引起的，衡量的是特定地区各行业相对该地区平均水平的偏离（$I_{ij} - I_j$）与全国各行业价格相对于全国平均水平的偏离（$I_i - I$）之间的比较。如果带动一个地区价格增长的行业价格增长恰好又快于其他地区，则该分量为正；如果带动一个地区价格增长的行业通货膨胀慢于其他地区，则该分量为负。从表达式（5.3）也可以看出，它是一个地区的实际通货膨胀率剔除了全国份额分量、行业偏离分量以及区位偏离分量之后的剩余项，从而衡量的是通货膨胀的个性部分。可以理解为一个地区在生产者拥有地区优势的情况下，产生一定程度的定价力（Pricing Power），因而造成该行业价格的通货膨胀。体现了价格垄断力对地区通货膨胀的影响，即定价力效应（Pricing Power Effect）。

$$IS_{ij} = \left[(I_{ij} - I_j) - (I_i - I) \right] = \left[I_{ij} - (I_i - I) - (I_j - I) - I \right] \quad (5.3)$$
$$= \left[I_{ij} - NS_{ij} - PS_{ij} - DS_{ij} \right]$$

5.2.2 构建 SVAR 模型

结构 VAR 模型（Structural VAR，SVAR），实际上是 VAR 模型的结构式，即在一般 VAR 模型基础上加入内生变量之间的当期相关关系，把隐藏在误差项中当期相关关系提取出来，使模型的经济意义更加明确。这个方法的核心在于它要求变量本身具有稳定性。然而 Sims（1980）与 Sims 等（1990）建议，如果没有合理的经济含义，即使在变量有单位根的情况下也不能使用差分以消除单位根，主要理由是进行差分将"丢失"数据中相互作用的信息，因而 SVAR 适用于稳定变量的系统。在本章，偏离—份额分析研究的是价格变化率内在的东西，相当于对价格水平取对数再差分。经单位根检验，变量都具有平稳性。此外 SVAR 还要求提供有经济意义的先验信息以构成识别约束，本章使用的偏离—份额模型则构建了识别条件。因此，把偏离—份额分析与 SVAR 模型结合在一起，既满足了 SVAR 模型对变量稳定性的要求，又使得模型具有明确的经济意义。

根据偏离—份额分析所得到的先验信息，本章构建包括全国平均价格水平 I、i 行业价格水平 I_i、j 地区平均价格水平 I_j 与 i 行业 j 地区价格水平 I_{ij} 在内的四元 SVAR 模型，如式（5.4）所示。

$$
\begin{bmatrix} 1 & 0 & 0 & 0 \\ -1 & 1 & 0 & 0 \\ -1 & 0 & 1 & 0 \\ 1 & -1 & -1 & 1 \end{bmatrix}
\begin{bmatrix} I \\ I_i \\ I_j \\ I_{ij} \end{bmatrix}_t
= A(L) * \begin{bmatrix} I \\ I_i \\ I_j \\ I_{ij} \end{bmatrix}_{t-1}
+ \begin{bmatrix} e_1 \\ e_2 \\ e_3 \\ e_4 \end{bmatrix}_t
\tag{5.4}
$$

矩阵形式：

$$
W \times I_t = A(L) \times I_{t-1} + e_t \tag{5.5}
$$

这里 $A(L)$ 是滞后多项式 4×4 矩阵，W 是根据偏离—份额分析所得的同期约束矩阵，e_t 是结构式冲击。式（5.5）两边同乘 W^{-1} 可得 SVAR 模型的简化式：

$$
I_t = W^{-1} A(L) \times I_{t-1} + \varepsilon_t，其中 \varepsilon_t = W^{-1} e_t \tag{5.6}
$$

其中，ε_t 代表简化式的扰动项。结构式扰动项 e_t 是简化式扰动项 ε_t 的线性组合，如式（5.7）所示，不能由简化式 VAR 模型直接得到，必须通过 W 约束以识别结构性冲击。

$$
\begin{bmatrix} e_1 \\ e_2 \\ e_3 \\ e_4 \end{bmatrix}_t
= \begin{bmatrix} 1 & 0 & 0 & 0 \\ -1 & 1 & 0 & 0 \\ -1 & 0 & 1 & 0 \\ 1 & -1 & -1 & 1 \end{bmatrix}
\begin{bmatrix} \varepsilon_1 \\ \varepsilon_2 \\ \varepsilon_3 \\ \varepsilon_4 \end{bmatrix}_t
= \begin{bmatrix} \varepsilon_1 \\ \varepsilon_2 - \varepsilon_1 \\ \varepsilon_3 - \varepsilon_1 \\ \varepsilon_4 - \varepsilon_2 - \varepsilon_3 + \varepsilon_1 \end{bmatrix}_t
\tag{5.7}
$$

其中，e_{1t} 为共同冲击，e_{2t} 为行业偏离冲击，e_{3t} 为区位偏离冲击，e_{4t} 为特质偏离冲击。

Sims（1980）与 Sims 等（1990）认为，VAR 模型的优点是确定变量之间相互作用的关系，而并非在于参数的估计。因而，下面将进行方差分解，通过分析每一个结构冲击对内生变量变化（通常用方差来度量）的贡献度，进一步评价不同结构冲击的重要性。

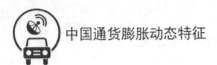

由 $\varepsilon_t = W^{-1}e_t$ 可知，ε_t 与 e_t 的协方差矩阵之间关系如下：

$$WCov(\varepsilon_t)W' = Cov(e_t) = \begin{bmatrix} \mathrm{var}(e_{1t}) & & & \\ & \mathrm{var}(e_{2t}) & & \\ & & \mathrm{var}(e_{3t}) & \\ & & & \mathrm{var}(e_{4t}) \end{bmatrix}$$

其中，$WCov(\varepsilon_t)W'$ 是 4×4 对称矩阵，包含 10 个元素，但是 $Cov(e_t)$ 只需要估计四个参数，所以模型是过度识别的，W 矩阵有六个过度识别约束。因此，按照 Coulson（1993）的做法，放松约束而产生一个新的矩阵 W_1，如式（5.8）所示。

$$W_1 = \begin{bmatrix} 1 & 0 & 0 & 0 \\ w_{21} & 1 & 0 & 0 \\ w_{31} & 0 & 1 & 0 \\ w_{41} & w_{42} & w_{43} & 1 \end{bmatrix} \tag{5.8}$$

按照 Shift-share 模型给定的约束，约束矩阵右上角元素以及 w_{32} 均为 0，对角元素依然等于 1，非对角元素现在允许结构新息对于简约式冲击的反应可以不等于 1 或 -1，因而使 Shift-share 模型给定的约束更加一般化。实际上，Coulson（1993）也证明了结构新息与简约式冲击之间不是一比一的关系。W_1 依然是一个过度识别矩阵。过度识别约束 $w_{32}=0$ 出现在区位偏离分量（PS）的表达式中，意味着假设单个行业不会影响地区经济。本章采用居民消费价格指数有八个行业的子分类价格指数，基本满足该假设对价格行业高度多样化的约束。

5.3 实证分析

5.3.1 单位根检验

大多数经济变量都服从 I（1）过程，但是单位根的存在使估计结果不稳健。为此进行 SVAR 模型参数估计前需要对各时间序列数据进行平稳性检验。单位根检验采用 ADF 检验、KPSS 检验与 PP 检验，检验结果表明各价格时间序列均为平稳序列。结果如表 5.1 所示。

表 5.1　价格序列的单位根检验

	ADF	KPSS	PP
I	−9.27224 ***	0.35648 *	−10.0271 ***
I 食品	−9.65700 ***	0.35831 *	−10.0077 ***
I 烟酒	−3.86552 ***	0.89980 ***	−5.11742 ***
I 衣着	−6.22113 ***	0.66006 **	−6.19654 ***
I 家庭设备	−2.40896	0.83581 ***	−3.6782 ***
I 医疗	−6.50220 ***	1.05359 ***	−6.49151 ***
I 交通通信	−12.26787 ***	0.31368	−12.2282 ***
I 娱教文化	−15.42196 ***	0.36518 *	−15.03 ***
I 居住	−5.32049 ***	0.08801	−5.33564 ***
I（东部）	−9.57886 ***	0.41334 *	−10.6016 ***
I（东部）食品	−10.01434 ***	0.40930 *	−10.6463 ***
I（东部）烟酒	−4.34400 ***	0.99382 ***	−6.96664 ***
I（东部）衣着	−7.83594 ***	0.75142 ***	−7.667 ***
I（东部）家庭设备	−2.3447	0.88432 ***	−4.78394 ***
I（东部）医疗	−6.02196 ***	1.17556 ***	−6.02353 ***
I（东部）交通通信	−9.39773 ***	0.42924 *	−9.79501 ***
I（东部）娱教文化	−15.57863 ***	0.33483	−16.013 ***
I（东部）居住	−5.20865 ***	0.06879	−5.62436 ***
I（中部）	−9.28029 ***	0.32306	−9.6653 ***
I（中部）食品	−10.00964 ***	0.29671	−10.1639 ***
I（中部）烟酒	−4.29933 ***	0.78912 ***	−6.16936 ***
I（中部）衣着	−7.74918 ***	0.54059 **	−7.80224 ***
I（中部）家庭设备	−2.89375 **	0.85820 ***	−3.78757 ***
I（中部）医疗	−8.71822 ***	1.10512 ***	−9.30593 ***
I（中部）交通通信	−15.70571 ***	0.33115	−16.0549 ***
I（中部）娱教文化	−12.02650 ***	0.2427	−12.3262 ***
I（中部）居住	−5.76901 ***	0.09167	−5.37598 ***

	ADF	KPSS	PP
I（西部）	−5.04987 ***	0.30365	−9.41908 ***
I（西部）食品	−5.63201 ***	0.33741	−8.91664 ***
I（西部）烟酒	−4.56988 ***	1.02360 ***	−6.01229 ***
I（西部）衣着	−9.74005 ***	0.72166 **	−9.18582 ***
I（西部）家庭设备	−2.47835	0.83323 ***	−6.74852 ***
I（西部）医疗	−7.88058 ***	0.61045 **	−9.47968 ***
I（西部）交通通信	−10.64033 ***	0.09447	−13.1861 ***
I（西部）娱教文化	−12.64338 ***	0.57833 **	−15.2178 ***
I（西部）居住	−5.80764 ***	0.1517	−6.43691 ***

注：本书只检验了有常数项的模型。* 、** 、*** 分别表示在 10%、5%、1%的显著性水平下拒绝零假设。KPSS 的零假设是平稳。

5.3.2 方差分解

在上述讨论的基础上，本章构建 SVAR 模型，根据 Hannan-Quinn（HQ）信息准则确定模型滞后阶数为 4 阶，以保证 SVAR 模型的稳定性。相比于使用 VAR 模型的文献一般采用冲击响应分析，本章采用方差分解来衡量中国地区通货膨胀四个来源的相对重要性及其结构性变化，结果如表 5.2 所示。与冲击响应分析相比，方差分解把握了变量间的影响程度大小，它提供了另一种描述系统动态的方法。冲击响应分析追踪系统对应于冲击响应的运动轨迹，方差分解则将一个内生变量的均方误差分解成各变量结构冲击所做的贡献，考察各变量结构冲击对所分解的内生变量变动的影响大小。

表 5.2　东、中、西部三个地区八个行业价格的方差分解

食品	东部				中部				西部			
Period	NE	SE	RE	SR	NE	SE	RE	SR	NE	SE	RE	SR
1	90.31	4.99	2.40	2.29	87.23	4.93	5.08	2.75	79.32	4.89	11.92	3.87
12	79.38	5.99	9.36	5.26	79.98	4.49	11.11	4.41	73.67	11.09	11.40	3.85
24	79.38	5.99	9.36	5.26	79.98	4.49	11.11	4.42	73.73	11.07	11.36	3.84
30	79.38	5.99	9.36	5.26	79.98	4.49	11.11	4.42	73.73	11.06	11.36	3.84

续表

烟酒	东部				中部				西部			
Period	NE	SE	RE	SR	NE	SE	RE	SR	NE	SE	RE	SR
1	7.46	57.10	0.11	35.33	9.42	47.42	2.44	40.72	2.79	37.72	0.84	58.65
12	23.92	51.89	2.27	21.91	29.74	37.13	5.28	27.86	21.47	38.72	6.20	33.61
24	24.93	51.13	2.25	21.69	30.95	36.44	5.22	27.39	22.31	38.23	6.16	33.31
30	24.94	51.12	2.25	21.69	30.98	36.43	5.22	27.38	22.33	38.22	6.16	33.30

衣着	东部				中部				西部			
Period	NE	SE	RE	SR	NE	SE	RE	SR	NE	SE	RE	SR
1	1.38	65.93	0.12	32.57	3.03	36.86	2.22	57.89	3.12	28.52	1.07	67.28
12	8.93	62.62	1.89	26.55	5.96	42.68	2.45	48.90	7.49	39.26	2.02	51.24
24	9.89	61.95	2.04	26.11	6.57	42.56	2.44	48.43	7.86	39.27	2.02	50.85
30	9.93	61.93	2.05	26.10	6.60	42.56	2.44	48.41	7.87	39.27	2.02	50.83

家庭设备	东部				中部				西部			
Period	NE	SE	RE	SR	NE	SE	RE	SR	NE	SE	RE	SR
1	5.94	74.22	0.66	19.19	1.09	35.65	11.09	52.17	6.33	27.08	1.80	64.79
12	48.45	41.21	0.89	9.45	34.70	35.80	7.69	21.80	39.40	22.82	4.65	33.13
24	52.87	36.81	0.93	9.39	43.92	31.00	7.26	17.82	44.08	21.77	4.41	29.74
30	53.28	36.39	0.94	9.39	44.83	30.51	7.22	17.44	44.55	21.65	4.39	29.41

医疗	东部				中部				西部			
Period	NE	SE	RE	SR	NE	SE	RE	SR	NE	SE	RE	SR
1	6.16	71.40	0.24	22.20	0.32	68.37	0.05	31.26	3.55	48.73	0.16	47.56
12	17.25	63.13	2.64	16.99	10.90	60.39	1.84	26.87	11.08	46.29	3.50	39.13
24	17.45	62.97	2.64	16.94	11.22	60.15	1.84	26.80	11.19	46.23	3.49	39.08
30	17.45	62.97	2.64	16.94	11.22	60.14	1.84	26.80	11.19	46.23	3.49	39.08

交通通信	东部				中部				西部			
Period	NE	SE	RE	SR	NE	SE	RE	SR	NE	SE	RE	SR
1	14.52	65.34	0.03	20.11	17.80	51.97	1.20	29.03	13.15	64.39	0.11	22.35
12	15.71	50.67	10.64	22.98	16.63	42.34	7.60	33.44	13.00	55.74	4.25	27.01
24	15.71	50.67	10.64	22.98	16.64	42.34	7.60	33.43	13.00	55.74	4.25	27.01
30	15.71	50.67	10.64	22.98	16.64	42.34	7.60	33.43	13.00	55.74	4.25	27.01

娱教文化	东部				中部				西部			
Period	NE	SE	RE	SR	NE	SE	RE	SR	NE	SE	RE	SR
1	13.17	67.56	2.87	16.40	3.88	47.87	1.68	46.56	5.96	36.96	2.45	54.63
12	17.22	61.82	5.06	15.91	3.95	48.39	2.78	44.88	5.90	37.44	3.76	52.90
24	17.22	61.81	5.06	15.91	3.95	48.39	2.78	44.88	5.90	37.44	3.77	52.89
30	17.22	61.81	5.06	15.91	3.95	48.39	2.78	44.88	5.90	37.44	3.77	52.89

居住	东部				中部				西部			
Period	NE	SE	RE	SR	NE	SE	RE	SR	NE	SE	RE	SR
1	22.39	71.97	0.25	5.39	13.19	67.28	0.66	18.86	13.65	49.32	1.10	35.92
12	35.97	56.20	3.15	4.68	20.69	55.25	4.53	19.52	29.01	45.61	1.73	23.66
24	36.14	56.04	3.16	4.66	20.87	55.02	4.55	19.57	29.47	45.32	1.72	23.48
30	36.14	56.04	3.16	4.66	20.87	55.01	4.55	19.57	29.48	45.32	1.72	23.48
加权平均	东部				中部				西部			
Period	NE	SE	RE	SR	NE	SE	RE	SR	NE	SE	RE	SR
1	35.87	49.40	2.00	18.83	34.79	39.17	3.24	28.90	32.15	32.88	5.29	35.78
12	41.77	43.87	5.46	14.99	37.95	36.27	5.93	25.94	38.52	32.12	7.80	27.66
24	42.13	43.66	5.45	14.86	38.53	35.97	5.89	25.71	38.95	31.92	7.79	27.43
30	42.15	43.65	5.44	14.85	38.58	35.94	5.88	25.70	38.98	31.91	7.79	27.42

5.3.2.1 总体价格分析

无论东部地区，还是中、西部地区，最重要的通货膨胀来源均为共同效应与行业偏离效应。区别在于，对于中、西部地区，地区通货膨胀更容易受到共同效应的影响，影响东部地区通货膨胀的最大因素是行业偏离效应。进一步比较地区之间的差异发现：对于东部地区，最重要的价格来源是行业偏离效应，然后是共同效应；对于中部地区，最重要的价格来源是共同效应，然后是行业偏离效应，但共同效应和行业偏离效应差距不大；对于西部，最重要的价格来源是共同效应，然后是行业偏离效应，且共同效应明显大于行业偏离效应。这意味着，中、西部地区的消费者更容易受到全国价格总水平波动的冲击。也就是说，一旦国家宏观货币政策、财政政策或者外来冲击导致价格总水平发生变化，经济不发达地区的消费者比经济发达地区的消费者更容易受到影响。

无论是东部地区、中部地区还是西部地区，共同分量冲击的重要性随时间增加；行业偏离分量的重要性随时间减弱，这与结构性价格有短期性的特征相一致。此外，区位行业偏离分量冲击对于西部地区的重要性最大，对东部地区的重要性最小，而对中部地区的重要性居中，这说明了由于中、西部地区市场化程度较低，竞争不充分，使中、西部地区更容易受到定价力效应的影响。

5.3.2.2 主要行业价格分析

对于占 CPI 最大比重的食品类，最重要的通货膨胀来源是共同效应，无论东部还是中、西部地区，其重要性均超过 76%。共同效应在第一期对食品类通货膨胀的解释度就达到 79% 以上，后期有小幅下降，最后收敛于70% 以上。其他行业的商品价格，共同效应在第一期对于该行业的地区通货膨胀的重要性均较少，共同效应的重要性增大至平稳。这表明食品类对周期性通货膨胀反应迅速，共同效应只对食品类价格的冲击没有时滞，而对于其他行业冲击都有不同程度的时滞。本书的研究结果支持赵留彦（2007）的粮食价格"超调"假说。也就是说，一旦国家宏观政策、财政政策或者外来冲击导致通货膨胀周期发生变化，食品类首当其冲受到冲击，并且受到冲击的程度最大。

同样受到关注的是居住类价格，无论在东部还是中、西部哪个地区，对其波动解释度最大的都是行业偏离冲击。在中国，居住类产品价格上涨幅度较大，因为居住类产品所关联的土地属于稀缺性资源，供给弹性小且需求刚性明显。梁云芳和高铁梅（2006）也认为，住宅价格上涨受土地交易价格上涨的影响较大。

娱乐教育文化行业与医疗行业都属于服务行业，2001 年以来行业价格均有不同程度的上涨。这两个行业通货膨胀的主要影响因素之一是行业偏离效应。这两个行业价格上涨一个主要影响因素是由于这两个服务行业的产品供给弹性小，而需求刚性明显。另一个主要影响因素是定价力效应，且中西部定价力效应的解释力度大于东部，这与中、西部医疗与娱乐、教育、文化的资源较少、竞争不够充分、市场化程度不高等原因有关。

衣着类和交通通信类价格均有不同程度的下跌，影响这两个行业波动最大的因素均是行业偏离效应。衣着类行业由于行业竞争度较高，供给弹性大，因而价格一路下降，直到 2009 年原材料价格上涨，该行业价格才有所上升。而交通通信类，特别是通信产品，技术进步快、市场竞争充分是该行业价格下降的主要原因。

另外，这三个地区的区位效应均不占主导地位，说明中国国内市场的整合程度总体上呈现上升趋势（桂琦寒、陈敏、陆铭和陈钊，2006），商品、劳动力、生产资本在地区间流动较充分。行业偏离效应对通货膨胀的

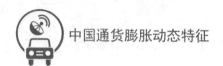

影响较大，这也说明了不同类商品生产的劳动力、资本在不同行业间流动不充分，因而行业偏离冲击较大。除了食品类价格，中、西部其余行业价格的定价力效应均高于东部，说明中、西部竞争不够充分，市场化程度不高。

5.4 本章小结

本章利用 Esteban 偏离—份额时间序列模型，分析了我国 2001 年以来通货膨胀分类指数波动来源及其动态变化。本章主要结论是，东、中、西部通货膨胀差异明显，与其波动来源的相对重要性的差异不无关联。总体上，东部通货膨胀来源主要是行业偏离效应，共同效应是解释中、西部通货膨胀变化时最重要的因素。食品类中，东部还是中、西部主要影响因素是共同效应。这三个地区居住类的波动来源均是行业偏离效应。服务行业当中的医疗类通货膨胀，在东、中、西部的波动来源均为行业偏离效应；娱乐教育文化类的东、中部影响因素主要为行业偏离效应，而西部为定价力效应。价格下降的衣着类与交通通信类这两个行业的主要通货膨胀来源是行业偏离效应和定价力效应。

食品类行业作为共同效应解释度最大的行业，这个行业产品的消费最容易受到经济环境与价格总水平的影响。行业偏离效应重要性较大的行业，价格上涨或下跌反映了这些行业的产品供给弹性、技术进步速度存在一定的异质性。除了食品类价格，中、西部其余行业价格的定价力效应均高于东部，说明中、西部的市场化程度不如东部。区位偏离效应在这三个地区均不占主导地位，这也说明了中国国内市场的整合程度总体上呈现上升趋势，商品、劳动力、生产资料在地区间流动较充分。

第❻章
中国通货膨胀惯性的影响因素分析

近年来，通货膨胀的动态特征，尤其是通货膨胀惯性受到研究者与货币政策制定者越来越多的关注。这是因为，通货膨胀惯性衡量的是在受到随机扰动因素冲击后偏离均衡状态的趋势所持续的时间，惯性程度决定了通货膨胀对货币政策变化的反应速度。一般而言，通胀惯性越大，通胀持续时间越长，则治理通货膨胀的成本越高。中央经济工作会议曾多次指出，要保持物价总水平基本稳定。因此，深入理解通货膨胀的动态特征对我国物价维稳工作至关重要。而对于货币政策制定者而言，关键问题是要厘清通货膨胀惯性形成的原因。

Fuhrer（2006）认为，通货膨胀惯性有两个来源方面：一是外部冲击，具有惯性的外部冲击通过传导机制将惯性传递给通货膨胀；二是模型的设定机制，比如通胀具有后顾行为，使通货膨胀具有内在惯性。然而，目前针对中国通货膨胀惯性形成原因的深入研究相对较少。国内研究通货膨胀惯性问题的文献主要致力于通货膨胀惯性程度的计量以及内生结构变化的检验，缺乏对通胀惯性形成机制进行深入的理论分析。毋庸置疑，这些研究对理解我国现阶段通货膨胀动态走势和宏观政策调控等都具有很高的理论价值和实践意义。但是，中国通货膨胀惯性形成的原因是什么？中国通胀惯性成因对货币政策分析和制定有什么深层的启示？对这些问题的探讨不仅需要深入研究微观经济基础，采用科学的研究方法，而且要对实证结果给出科学合理的解释，这样才能在新形势下提出对把握宏观经济稳中求进有所裨益的政策主张。这也是本章尝试研究中国通货膨胀惯性形成机制的初衷。

有鉴于此，本章采用预留现金约束（Cash in Advance，CIA），将货币因素引入 DSGE 模型（Walsh，2003），对我国通胀惯性进行模拟，并探索通胀惯性形成机制及其政策含义。我们注意到，标准 CIA 模型的政策层面解读是货币供应外生性。但是中国的货币供给过程受到经济产出、通货膨胀率水平等因素影响，具有明显的内生性特征。这种内生性是银行与公众对经济变化做出反应的结果，其形成机制与体制变革有关。需要说明的是，在这种动态系统内，货币供应的内生性并不意味着中央银行无法通过调节货币供给量进行宏观调控，只是这种调控必须在相关变量影响机制的约束下进行。

通胀惯性应该会受到货币政策系统性变化的影响。Fuhrer 等（1995）证明了在前瞻行为模型中，货币政策会对通货膨胀与产出的变化做出反应，这意味着货币政策会随着产出与通货膨胀的惯性进行调整。刘金全和隋建利（2010）将货币供给方程中各变量时变参数的条件方差定义为货币政策系统性冲击引发的货币供给不确定性。因而可将本章中泰勒规则参数的变化定义为货币政策系统性冲击。在货币内生模型中，货币政策规则系统性变化使通货膨胀动态过程发生了改变，其传导机制是货币政策通过改变产出的当前值与期望值，进而改变通货膨胀预期。但是，货币政策系统性变化的冲击对通胀惯性影响程度究竟有多大？这也是本章需要回答的问题。

因此，本章引入基于泰勒规则的货币政策反应方程以充分考虑中国的货币供应内生机制特征。另外，为提高参数估计结果的可信度，本章采用贝叶斯方法估计部分关键参数和待检验参数，再根据这些参数求解出通货膨胀动态路径，最后分析通胀惯性的生成原因。

6.1　模型

6.1.1　标准 CIA 模型

模型的基本假设包括，代表性家庭在预算约束与预留现金约束下追求自身效用最大化，厂商的生产函数为规模收益不变的 Cobb-Douglas 生产函数等，经济系统受到技术冲击与货币冲击。在此基础上，我们通过求解家庭效用最大化问题并利用 Uhlig（1995）的方法，得到对数线性化的模型系统如下：

生产函数：$\hat{y}_t = \alpha \hat{k}_{t-1} + (1-\alpha)\hat{n}_t + z_t$ （6.1）

假定整个经济的生产由规模收益不变的 Cobb–Douglas 生产函数给出，生产的投入品为资本与劳动，α 为资本份额，小写英文字母上面的^表示变量对稳态的偏离，z_t 为技术冲击。

市场出清：$\left(\dfrac{y^{ss}}{k^{ss}}\right)\hat{y}_t = \left(\dfrac{c^{ss}}{k^{ss}}\right)\hat{c}_t + \hat{k}_t - (1-\delta)\hat{k}_{t-1}$ （6.2）

其中，y^{ss}/k^{ss} 与 c^{ss}/k^{ss} 分别为稳态时产出资本比与消费资本比，δ 为折旧率。

资本的边际产出：$\hat{r}_t = \alpha \dfrac{y^{ss}}{k^{ss}}(E_t \hat{y}_{t+1} - \hat{k}_t)$ （6.3）

欧拉方程（消费的最优化选择）：$\hat{\lambda}_t = \hat{r}_t + E_t \hat{\lambda}_{t+1}$ （6.4）

劳动—休闲最优选择：$\hat{y}_t = \left(1 + \eta \dfrac{n^{ss}}{1-n^{ss}}\right)\hat{n}_t - \hat{\lambda}_t$ （6.5）

Fisher 方程：$\hat{i}_t = \hat{r}_t + E_t \hat{\pi}_{t+1}$ （6.6）

消费的边际效用：$\hat{\lambda}_t = -\Phi \hat{c}_t - \hat{i}_t$ （6.7）

式（6.4）至式（6.7）均来自家庭最优化问题的一阶条件。$\hat{\lambda}_t$ 为财富的边际效用。

预留现金约束：$\hat{m}_t = \hat{c}_t$ （6.8）

货币供给：$\hat{m}_t = \hat{m}_{t-1} - \hat{\pi}_t + u_t$ （6.9）

式（6.9）意味着货币供给是一个随机游走过程，受到通货膨胀与货币冲击的影响。

货币供给冲击：$u_t = \rho_u u_{t-1} + \phi z_{t-1} + \varphi_t$ （6.10）

生产率冲击：$z_t = \rho_z z_{t-1} + e_t$ （6.11）

在式（6.10）与式（6.11）中，$0<\rho_u<1$，$0<\phi<1$，$0<\rho_z<1$。货币供给冲击与生产率冲击均服从 AR(1) 过程，其中货币供给也能够对生产率冲击做出反应。随机过程 φ 与 e 的均值均为 0，方差分别为 σ_u^2 与 σ_z^2。

6.1.2 货币内生的 CIA 模型

本章参考 Suh（2004）的做法，将泰勒规则引入 CIA 模型中以描述货币

内生的特质。如果货币政策采用泰勒规则，那么，货币政策制定者根据经济中的产出和通货膨胀来控制经济中的利率水平（Taylor，1993）。表达式如下：

$$\hat{i} = \omega_1 \cdot E_t \hat{\pi}_{t+1} + \omega_2 \cdot \hat{y}_t \qquad (6.12)$$

ω_1 与 ω_2 分别代表利率对通货膨胀和产出的反应系数。$\hat{i}$、$\hat{\pi}$ 与 $\hat{y}$ 表示利率、通货膨胀以及产出对稳态水平的偏差。将 Taylor 公式与 Fisher 公式相结合得到式（6.13），代替原 Fisher 方程（6.6）。

$$\hat{\lambda}_t = \left(\frac{\omega_1 - 1}{\omega_1}\right)\hat{i}_t + \frac{\omega_2}{\omega_1}\hat{y}_t + E_t \hat{\lambda}_{t+1} \qquad (6.13)$$

6.2　校准与参数估计

本章将按照刘斌（2008b）所采用的规则先对标准 CIA 模型的参数进行赋值，然后对货币内生的 CIA 模型进行赋值。具体步骤如下：首先，对于一般静态参数用校准（Calibration）的方法进行赋值；其次，对于动态参数采用贝叶斯估计法进行估计。

6.2.1　标准 CIA 模型的参数校准与估计

6.2.1.1　参数校准

校准的基本思路是根据经济中观察到的一些基本数量关系来确定模型中的有关参数，该方法并不是严格的统计估计方法，但是在数据样本很少或不可获得的情况下，也不失为一个确定参数的方法。为了使校准的参数尽可能反映现实的经济情况，本章对校准参数的选定按照肖争艳和彭博（2011）的做法，主要遵从以下原则：

第一，与现实经济变量有直接对应关系的参数通过对应的矩匹配来确定。相关的参数有 β，设定如下：根据模型稳态值的计算可知，$\beta = 1/R$，因此可以利用名义利率稳态值来校准代表性家庭的主观贴现因子 β。通过计算 1996 年第一季度至 2012 年第一季度银行间同业拆借利率的算术平均值，可得季度 β 的校准值为 0.989。目前一些国内的文献，如黄赜琳（2005）将季度 β 取值为 0.985。

第二，与现实经济变量无直接对应关系的参数，本章通过参考国内外已有文献来确定取值。生产函数采用 Cobb-Douglas 形式，资本份额 α 取值为 0.5；Chow 和 Li（2002）利用中国 1952~1998 年的数据对总量生产函数进行估计发现，规模报酬不变的 Cobb-Douglas 函数适用于中国，他们估计的资本份额为 0.55；国内其他学者对资本份额的估计也为 0.5 左右，如张军（2002）估计的资本份额为 0.499，王小鲁和樊纲（2000）估计的资本份额为 0.5。这意味着稳态时资本对产出的贡献率为 50%。资本折旧率 δ 设定为 0.025，即年折旧率为 10%，这与国内大多数文献相一致（陈昆亭、龚六堂和邹恒甫，2004）。劳动供给 N 的稳态值由劳动时间占总时间比例的均值给出，近似 $n^{ss} = 1/3$（Caraiani，2009）。所有模型参数值如表 6.1 所示。

表 6.1　参数校准的基准值

参数	$\alpha = 0.5,\ \delta = 0.025,\ \beta = 0.989$
稳态值	$\dfrac{y^{ss}}{k^{ss}} = \dfrac{1}{\alpha}\left(\dfrac{1}{\beta} - 1 + \delta\right),\ \dfrac{c^{ss}}{k^{ss}} = \dfrac{y^{ss}}{k^{ss}} - \delta,\ r^{ss} = 1/\beta,\ n^{ss} = 1/3$

6.2.1.2　贝叶斯估计先验分布设定

除以上校准法确定的外生参数外，对其余参数均采用贝叶斯方法进行估计。与传统方法相比，贝叶斯估计假设模型中的参数也是随机变量，充分利用了来自微观计量或者已有宏观计量研究成果中的先验信息，再根据 Bayes 原理对参数进行事后的估计和修正。特别是当观测变量的数据样本数较小时，此方法可以获得更高质量的参数估计。

对于先验分布的设定可参考 Negro 和 Schorfheide（2008）的方法，将待估参数分为两类：第一类是模型已确立明确的传导机制，并且其参数取值依赖于显著影响模型内生变量稳态及动态响应过程的外生参数。对于该类参数先验分布的设定，参考已有文献的校准结果，使其先验分布尽可能包含正确信息；这些参数包括消费的相对风险规避系数 Φ 与劳动的相对风险规避系数 η。参考 Walsh（2003）和 Caraiani（2009），设定消费的相对风险规避系数 Φ 和劳动的相对风险规避系数 η 服从均值为 1.5，标准差为 0.5 的正态分布，且初始值分别设为 1 和 2。

第二类是模型待检验的参数，对于该类参数的先验分布采用较为宽松

的设定，以使贝叶斯估计结果尽可能少地受到先验分布的影响。这些参数包括技术冲击自相关系数、货币供给冲击自相关系数与冲击标准差。参数初始值的设定是基于季度的考虑并参考已有文献，如技术冲击过程的持续性系数ρ_z设为0.95，标准差为0.023（胡永刚和刘方，2007）。货币供给冲击过程的持续性系数ρ_u取值为0.42，标准差为0.057（王君斌等，2011）；货币供给对持续技术冲击的反应系数ϕ取值为0.3（Walsh，2003）。

6.2.2 货币内生 CIA 模型的参数校准与估计

参数集$\{\alpha,\ \beta,\ \delta,\ n^{ss}\}$的校准以及参数$\{\Phi,\ \eta,\ \rho_z,\ \rho_y,\ \phi,\ \sigma_z,\ \sigma_u\}$先验分布与初始值的设定与标准 CIA 模型相同。修正 Fisher 方程中的参数$\{\omega_1,\ \omega_2\}$采用贝叶斯估计，对于这两个参数先验分布的设定，本章参考 Ball（1999）的结果，使其尽可能包含正确信息，如表6.2所示。

表6.2 待估计参数先验分布

参数	先验分布			参数	先验分布		
	分布	均值	标准差		分布	均值	标准差
Φ	Normal 分布	1.5	0.5	σ_z	Inverted Gamma 分布	0.02	infinite
η	Normal 分布	1.5	0.5	σ_u	Inverted Gamma 分布	0.05	infinite
ρ_z	Beta 分布	0.5	0.25	ω_1	Normal 分布	1.5	0.25
ρ_u	Beta 分布	0.5	0.25	ω_2	Normal 分布	0.5	0.25
ϕ	Beta 分布	0.5	0.25				

6.3　数据处理及估计结果

6.3.1　数据处理

本章选用的数据为季度数据，根据数据的可得性，时间区间选为1993年第一季度至2012年第一季度，共77个数据样本，数据来源于中经网统计数据库。本章主要的可观测值为实际总产出与通货膨胀率。为了得到波动序列，需要进行如下处理：

实际总产出，本章选取季度人均实际 GDP 作为模型中实际总产出所对应的观测数据。选取国内生产总值指标衡量名义总产出，将该指标除以季度 GDP 平减指数（1993 年第一季度＝1），即可得出实际总产出，最后用实际总产出除以季度人口数①，获得人均实际 GDP。

通货膨胀率，本章中的通货膨胀率与广义的价格水平相对应，而非狭义的居民消费价格指数。本章选取季度 GDP 环比平减指数②作为模型中通货膨胀率所对应的观测数据。

此外，本章采用 TRAMO/SEATS 方法对上述观测变量数据进行季节调整，取对数并采用 HP 滤波后将数据的趋势项去除，从而得到模型所需的波动序列。

6.3.2　贝叶斯估计结果

本章利用 Dynare 软件对两个模型的非校准参数进行贝叶斯估计，估计结果如表 6.3 所示。可以看出，两个模型中除参数 Φ 外，大部分参数的贝叶斯估计均相差不大。两个模型 ρ_z 与 ρ_u 的估计值分别大于 0.92 以及 0.73，可以看出，技术冲击和货币冲击 AR（1）过程有着较高的自相关系数。ϕ 的估计值大于零，说明正的生产率冲击导致货币冲击增大。技术冲击的标准差 σ_z 小于货币冲击的标准差 σ_u 表明，在我国技术冲击的波动小于货币冲击的波动，货币政策的干预对经济体系影响相对较大。

两个模型估计唯一相差较大的是，CIA 模型中的参数 Φ 的贝叶斯估计（1.9207）要明显大于货币内生 CIA 模型中的参数 Φ 的估计值（1.2644），而本章中参数 Φ 参考 Walsh（2003）的校准值，设定为 1。可以初步断定，货币内生 CIA 模型更加吻合先验信息。

---

① 由于国家统计局未提供季度人口数量，因而通过插值法，将年度人口数据转变为季度人口数据。

② 我国统计局并未公布季度 GDP 环比平减指数，本章分别计算季度名义 GDP 环比增长率与季度实际 GDP 环比增长率，再根据公式：季度 GDP 环比平减指数＝季度名义 GDP 环比增长率－季度实际 GDP 环比增长率，可获得季度 GDP 环比平减指数。

表 6.3　行为参数贝叶斯估计结果

参数	CIA 模型后验分布			货币内生 CIA 模型后验分布		
	分布	均值	置信区间	分布	均值	置信区间
Φ	Normal 分布	1.9207	(1.328, 2.50)	Normal 分布	1.2644	(0.447, 2.009)
η	Normal 分布	2.1004	(1.291, 2.914)	Normal 分布	2.1963	(1.474, 2.931)
ρ_z	Beta 分布	0.9200	(0.862, 0.98)	Beta 分布	0.9223	(0.863, 0.985)
ρ_u	Beta 分布	0.7358	(0.641, 0.833)	Beta 分布	0.7629	(0.654, 0.873)
ϕ	Beta 分布	0.5266	(0.26, 0.79)	Beta 分布	0.4719	(0.135, 0.786)
σ_z	Inverted Gamma 分布	0.0044	(0.0037, 0.0051)	Inverted Gamma 分布	0.0038	(0.0032, 0.0044)
σ_u	Inverted Gamma 分布	0.0156	(0.0131, 0.0177)	Inverted Gamma 分布	0.0190	(0.0168, 0.0214)
ω_1	—	—	—	Normal 分布	1.5566	(1.101, 1.949)
ω_2	—	—	—	Normal 分布	0.1053	(−0.266, 0.505)

在货币内生 CIA 模型中，ω_1 与 ω_2 的估计值是 $\omega_1 > \omega_2$，表明保持价格稳定是中央银行的一项基本政策。

图 6.1 与图 6.2 分别给出了两个模型的先验分布和后验分布图。可以看出，货币内生 CIA 模型对先验信息的吻合度较高。另外，参数 ϕ、ρ_z、ρ_u、σ_z、σ_u 均有显著改变。也就是说，这两个观测值序列中包含了不少新的信息。

为了进行贝叶斯估计，本章采用 Metropolis-Hasting 算法进行数据采样构造 Markov 链，此链的静止分布即我们希望得到的后验分布。然而，任何基于 MCMC 的推断都是在假定马尔可夫链已经到达稳定状态（收敛）下进行的。因此，诊断 MCMC 的收敛性对于用模拟样本来进行估计和推断是非常重要的。图 6.3 与图 6.4 分别给出了两个模型 MCMC 模拟的收敛性诊断。可以看出，通过迭代，Markov 链能够达到收敛，因而本章的估计和推断可信。

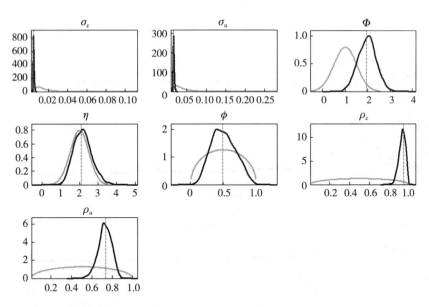

图 6.1　CIA 模型贝叶斯估计的先验分布与后验分布

注：灰线为先验分布，黑线为后验分布。

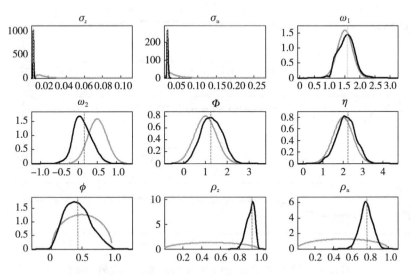

图 6.2　货币内生 CIA 模型贝叶斯估计的先验分布与后验分布

注：灰线为先验分布，黑线为后验分布。

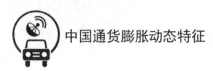
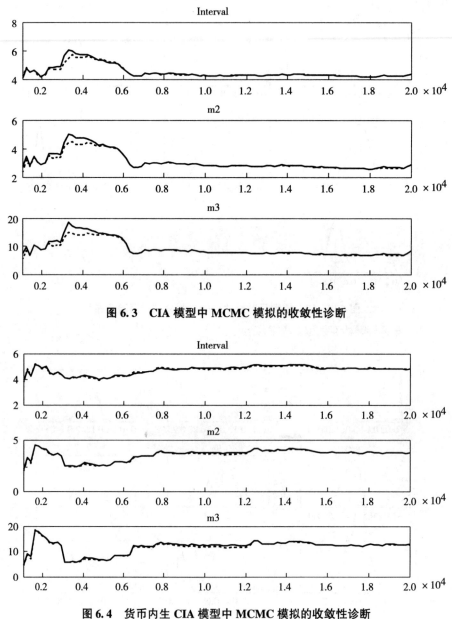

图6.3　CIA 模型中 MCMC 模拟的收敛性诊断

图6.4　货币内生 CIA 模型中 MCMC 模拟的收敛性诊断

6.3.3　两个模型贝叶斯估计的比较

表6.4 给出了两个模型进行贝叶斯估计的对数边际似然率：根据 Jeffreys（1998）的拇指规则（Thumb rule），若模型对数贝叶斯因子①大于 2，则该模型优于备择模型；若模型对数贝叶斯因子小于 2，则原模型与备择模型无差别。现利用该规则对上述两个模型进行鉴别后发现，货币内生 CIA 模型的拟合度要优于标准 CIA 模型。

表 6.4　贝叶斯估计比较

模型	对数边际似然率	对数贝叶斯因子
CIA 模型	505. 644	—
货币内生的 CIA 模型	513. 790	8. 146

6.4　通货膨胀惯性的模拟与影响因素分析

所谓通胀惯性是指，通货膨胀率在受到随机扰动因素冲击后偏离其均衡状态的趋势会持续多久（Fuhrer，1995）。衡量通胀率惯性的指标之一是自相关函数：惯性越大，对应的样本自相关函数的时间序列就会表现出远离零点水平并呈现缓慢趋近零点的态势。图 6.5 显示了真实通货膨胀的自相关函数。真实数据在第一期有很强的惯性，然后呈加速下降趋势。张成思（2007）发现，中国的通货膨胀表现出相当强的惯性特征，自相关函数缓慢趋近零点水平，经过 3 年（即 12 个滞后期）以上的时间才慢慢减弱至零。

根据前面估计的参数值，求解获得该模型所内含的经济体在应对外生性冲击时的动态调整过程，其中包括本章所关心的通货膨胀惯性。图 6.5 同时显示了理论通胀惯性。经过比较发现，货币内生 CIA 模型拟合的通货膨胀路径比货币外生 CIA 模型更接近真实情况。为了得到稳健性结论，本章将货币内生模型估计出来的参数代入货币外生模型当中，得到的通货膨胀惯性（在图 6.5 中定义为"货币外生_参照"）与货币外生模型之前估计的结果几乎没有差别，参照的自相关函数与货币外生的自相关

---

① 对数贝叶斯因子=原模型的对数边际似然率–备择模型的对数边际似然率。

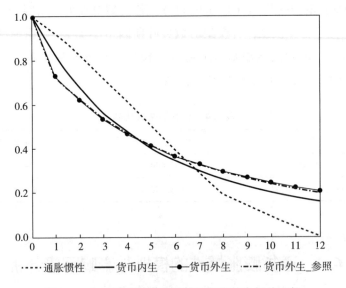

图 6.5 中国通货膨胀率及模拟数据的自相关函数

函数所构成的两条线几乎重合。这足以证明，在模拟通胀惯性方面，本章中的货币内生 CIA 模型优于标准 CIA 模型，并不是因为参数设定的差异，而是由于我国货币内生的事实，生产过程将更多的惯性传递给通货膨胀。

为了洞悉通货膨胀惯性的影响因素，首先从标准 CIA 模型着手，研究通胀惯性对主要参数变动的敏感性；其次引入货币内生机制，考察通货膨胀惯性对货币政策变动的敏感性，从而找出通胀惯性形成的原因。

6.4.1 标准 CIA 模型的通货膨胀惯性

为了分析简便，只考虑文中方程（6.9）、方程（6.10）和方程（6.11），假设实质货币供给不随时间发生变化，则可将通货膨胀过程简化为如下形式：

$$\hat{\pi}_t = \rho_u \hat{\pi}_{t-1} + \phi z_{t-1} + \varphi_t$$

$$z_t = \rho_z z_{t-1} + e_t$$

$$\mathrm{Var}(\varphi_t, e_t) = \sum \equiv \begin{bmatrix} \sigma_u^2 & 0 \\ 0 & \sigma_z^2 \end{bmatrix}$$

该通货膨胀过程具有三个特点：一是具有非零的名义货币供给冲击；二是名义货币供给能够对生产率变化做出反应以及非零的生产率冲击；三是通货膨胀过程具有后顾行为。这三个特点对于通胀惯性的形成都具有或大或小的作用。

根据 Fuhrer（2006）的方法，可推导出通货膨胀的 i 阶自相关函数①如下：

$$\Gamma_i=\rho_u^i+\left(\frac{\rho_u^i-\rho_z^i}{\rho_u-\rho_z}\right)\frac{\rho_z(1-\rho_u^2)\phi^2}{(1+\rho_u\rho_z)\phi^2+(1-\rho_z^2)(1-\rho_u\rho_z)\dfrac{\sigma_u^2}{\sigma_z^2}} \tag{6.14}$$

从式（6.14）可以看出，通货膨胀自相关函数由两项组成：第一项以 ρ_u 的比例衰减，第二项以 $\frac{\rho_u^i-\rho_z^i}{\rho_u-\rho_z}$ 的速度变化。显然，$\frac{\partial\Gamma_i}{\partial\rho_u}>\frac{\partial\Gamma_i}{\partial\rho_z}>0$；$\frac{\partial\Gamma_i}{\partial(\sigma_u^2/\sigma_z^2)}<0$；$\frac{\partial\Gamma_i}{\partial\phi}>0$。

这意味着影响通胀惯性的因素如下：

（1）货币供给惯性 ρ_u。通胀惯性的大小主要取决于名义货币供给过程的持续程度。在标准 CIA 模型中，假设价格具有充分的灵活性，货币供给冲击使得价格上涨，因而导致预期通货膨胀上升，因而将货币供给过程的后顾行为传导给通货膨胀过程。货币供给过程的持续性越强，由货币供给冲击引起的预期通货膨胀的波动就会越大；相反，假如货币供给冲击之后没有持续性政策行为作后继，货币政策冲击的直接效果就会很小。

（2）货币供给冲击的方差 σ_u^2。通胀惯性随货币供给冲击方差 σ_u^2 的增大而减小，这是因为如果冲击过程的方差越大，通胀过程越倾向于白噪声过程，而白噪声过程的惯性为0。

（3）货币供给增长率对持续生产率冲击的反应系数 ϕ。通胀惯性随 ϕ 增大而上升，其传导机制是生产率冲击通过反应系数作用于货币供给，从而引起通货膨胀动态变化。ϕ 越大，表明生产率冲击向货币供给的传导越顺畅，使通货膨胀更倾向于 AR(1)过程；ϕ 越小则通胀过程越倾向于白噪声过程。

---

① 详细推导过程在附录 A 中。

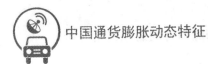

（4）生产率过程的持续性 ρ_z。通胀惯性随生产率过程的持续程度增大而增大。正的生产率冲击表明未来的货币供给将会上升，于是预期通胀也会上升，同时生产率过程的持续性越强，由生产率冲击引起的预期通胀波动就越大。

（5）生产率冲击的方差 σ_z^2。通胀惯性随生产率冲击的方差增大而增大。生产率冲击的方差越大，则通胀过程越倾向于白噪声，否则更倾向于一阶自回归 AR(1) 过程。Fuhrer（2006）的观点与本章的观点基本一致。

以上结论是建立在简化模型的基础上，为了体现模型的系统性，本章尝试改变 CIA 模型的几个关键参数，通过求出数值解以测量货币供给过程以及生产率过程发生改变对通胀自相关系数的影响程度。如图 6.6 所示，将货币供给惯性 ρ_u 从 0.7358 调整为 0.1，通胀惯性大幅度下降至 0.2 以下；将货币供给冲击的方差 σ_u 从 0.0156 上调至 0.05，则通胀惯性有一定幅度的下降。将生产率惯性 ρ_z 从 0.9223 调整为 0.1 后发现，通胀惯性有一定程度的下降；将反应系数 ϕ 从 0.5266 调整为 0 后，即假定货币供给不会受到生产率冲击的影响，通胀惯性有一定程度的下降。因此通胀惯性对参数 ρ_u 最敏感。该结果与前面对解析解的分析结论一致。

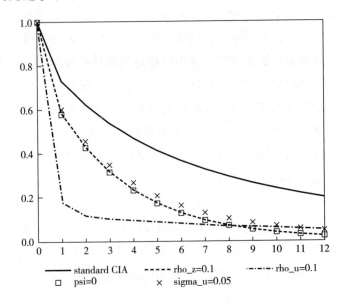

图 6.6　标准 CIA 模型参数敏感性分析

6.4.2　货币内生 CIA 模型的通货膨胀惯性

引入货币内生机制，通货膨胀过程可以描绘如下：

$$\hat{\pi}_t = \rho_u \hat{\pi}_{t-1} + \phi z_{t-1} + \varphi_t$$

$$z_t = \rho_z z_{t-1} + e_t$$

$$\hat{i} = \omega_1 E_t \hat{\pi}_{t+1} + \omega_2 \hat{y}_t$$

$$\mathrm{Cov}(\varphi_t,\, e_t) = \sum \equiv \begin{bmatrix} \sigma_u^2 & 0 \\ 0 & \sigma_z^2 \end{bmatrix}$$

可以看出，通胀惯性会受到货币政策系统性变化的影响，但是货币政策的系统性变化影响通货膨胀惯性的程度如何呢？该模型的解析解十分繁冗，而采用数值解可以更清楚地回答这个问题。

从图 6.7 可以发现，货币政策发生系统性变化，中央银行将利率对通货膨胀的反应系数 ω_1 从 1.5 调整至 10，但是通胀惯性几乎没有变化；央行将利率对产出的反应系数 ω_2 从 0.1 上调至 1，而通货膨胀惯性有微小程度的下降。由此可以得出结论，货币政策的系统性变化对通胀惯性的影响程度非常小。

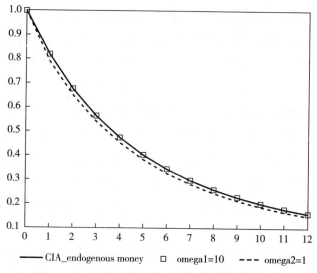

图 6.7　货币政策系统性变化对通胀惯性的影响

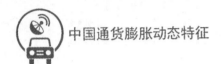

从两个模型的比较结果来看，货币内生 CIA 模型比标准 CIA 模型更贴近中国经济事实。这说明，中国经济确实存在货币供应内生机制。从解析分析和数值分析来看，通货膨胀惯性主要来源于货币供给惯性，而货币政策的系统性改变、货币供给不确定性、货币增长率对生产率的反应系数、生产率惯性与生产率不确定性对通胀惯性的影响程度相对较小。

6.4.3 影响因素分析

通过以上的分析，我们可以得出以下的结论：

我国的通胀惯性主要依赖于货币供给过程的持续程度。货币供给过程，即货币供给水平的决定机制，由中央银行、商业银行、储户三方共同决定。中央银行运用众所周知的三大工具——公开市场业务、贴现政策和法定准备金率来调控基础货币和乘数，进而间接调控货币供应量。这些控制工具最终还是要通过微观基础即储户与银行的反应才能起作用，储户通过对现金持有水平的决策、银行通过对超额准备金的决策影响货币供给。也就是说，货币供给过程的持续性反映的是货币供给在微观层面上的运行机制。例如，Merkl 和 Snower（2009）发现，工资粘性与价格粘性是产生货币惯性（Monetary Persistence）的根源。因此，要降低货币惯性进而减少通胀惯性，应从改善微观经济环境和微观金融环境着手。

货币供给不确定性对通胀惯性的形成有一定影响。刘金全和隋建利（2010）将货币供给不确定性分解为两部分，其中一部分是由各种非预期的宏观经济冲击所引发的货币供给不确定性，由货币供给方程中随机扰动项的条件方差衡量。因而可以将本章中的货币供给冲击 φ_t 定义为"非预期货币政策"冲击。"非预期货币政策"冲击就是纯粹意料之外的货币供给变化，为厘清这一点，可以假设 $\rho_u = \phi = 0$，则有 $u_t = \varphi_t$，意味着冲击不影响对未来货币供给的预期。这种不确定性虽然使通胀惯性有下降的趋势，但是却会加剧经济主体对未来预期的不确定性，从而遏制我国宏观经济的平稳持续增长（刘金全和隋建利，2010）。

货币政策系统性变化对通胀惯性的影响程度非常小。相比较而言，货币政策系统性变化则有利于我国经济持续稳定增长（刘金全和隋建利，2010）。

生产率冲击传导了部分惯性给通货膨胀，其传导性能与反应系数以及生产率冲击不确定性成正比。生产率冲击并没有像货币供给冲击那样将其所有的惯性传导给通货膨胀率,生产率惯性对通胀惯性有影响,但是影响程度有限。这说明了通货膨胀终归是一种货币现象。王君斌(2010)检验了中国货币经济的经验事实后发现,正的技术冲击引起产出持续性增长。一方面,这反映了生产率过程的惯性不是造成通货膨胀惯性的主要原因;另一方面,生产率冲击如果较为平稳,则不仅有利于经济的快速平稳发展,还有利于降低通货膨胀惯性(王君斌,2010)。

6.5   本章小结

关于中国通货膨胀惯性的研究主要集中于估算惯性和解释惯性变化特征等方面,对其特殊形成机理研究极少。本书尝试从货币供给惯性角度进行了初步解释。采用货币先行约束(Cash in Advance, CIA)将货币因素引入 DSGE 模型(Walsh, 2003),对我国通货膨胀惯性进行模拟,并探索通货膨胀惯性形成机制及其政策含义。影响通货膨胀惯性的因素有许多,而从货币供给角度考虑还比较少。本书研究结果表明,我国通货膨胀惯性程度主要依赖于货币供给过程的持续性,货币供给不确定性对通胀惯性的形成有一定影响,生产率惯性对通胀惯性影响程度有限,但货币政策系统性变化对通胀惯性几乎没有影响。本书利用贝叶斯方法对模型进行了参数估计,Markov 链能够达到收敛,因此以上结论与推断可信,这些结论值得决策层关注。主要结论如下:

从贝叶斯估计值可以发现,技术冲击和货币冲击 AR(1)过程有着较高的自相关系数;货币冲击对生产率冲击做出的反应为正向反应;我国技术冲击的波动小于货币冲击的波动;在货币内生 CIA 模型中有 $\omega_1 > \omega_2$,表明中国的中央银行是以价格稳定作为货币政策目标,同时在产出缺口与通胀缺口之间进行权衡。贝叶斯估计所构造的 Markov 链能够达到收敛,因而本章的估计和推断可信。

货币内生 CIA 模型优于标准 CIA 模型。首先,货币内生 CIA 模型估计值的后验分布与先验信息更加吻合;其次,进行贝叶斯估计时,货币内生

CIA 模型的对数边际似然率大于标准 CIA 模型，即前者的拟合度更优；最后，从求解 DSGE 模型并模拟的通货膨胀稳态路径可以看出，货币内生 CIA 模型拟合的通货膨胀路径更接近真实情况。这说明了中国经济存在货币内生性。

我国的通胀惯性主要随货币供给过程的持续程度的减小而减小，要减小货币惯性进而减小通胀惯性，应从改善微观经济环境和微观金融环境着手；货币供给不确定性的增大虽然会使通胀惯性变小，但却会影响到宏观经济的平稳性；货币政策系统性变化对通胀惯性几乎没有影响；生产率冲击向通货膨胀传导了部分惯性，其传导效率与反应系数以及生产率冲击不确定性成正比。

第❼章
中国部门价格粘性及传导机制

　　价格粘性反映的是价格面对冲击的反应速度。价格是弹性的还是粘性的？对这个问题的回答是理解经济周期波动来源与货币政策效应的关键。价格粘性是指，在现实生活中由于价格变动成本、不完全信息等原因，某些特定商品或要素的价格存在市场扭曲，即难以随供求状态变化而随时进行调整。具体而言，在没有摩擦的完美世界中，任何新的供求信息或宏观层面的冲击都会带来价格水平的变化，但是由于各种经济或政治摩擦的存在，即使受到新信息的冲击，价格也不会随时调整，而是体现出一定的粘滞性。

　　事实上，价格调整有很高的异质性，一些商品价格灵活变动，而另一些则非常粘性。从第5章的讨论可以看出，我国物价调整的背景和成因不断地发生变化，各部门产品价格的表现也不尽相同：2004年在粮食的供给受到冲击和固定资产投资过猛的背景下，食品部门价格大涨而其他部门价格上涨的幅度较小；始于2008年的国际金融危机导致国内外需求全面萎缩、国际大宗商品价格迅速下降，致使我国各部门价格指数纷纷呈紧缩的态势；危机期间可在全球实施宽松货币政策和国内投资需求旺盛的宏观经济背景下，我国在2010年后再次出现较为严重的通货膨胀，各部门价格全面上涨，但上涨幅度和上涨时间并不一致。这究竟是由于部门价格粘性存在异质性，还是由于部门的特质冲击存在异质性①？

---

　　① 王少平等（2012）将我国CPI的八大类波动源划分为两类：一是货币政策冲击、生产率冲击等各部门共有的冲击，称为宏观成分冲击；二是各部门自身的供给、需求冲击等，称为部门的特质成分冲击。

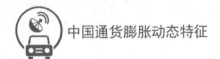

价格粘性的大小将直接影响到商品市场、劳动力市场的自我调节能力，进而影响对货币政策的选择。如果不同类型产品价格的粘性不相等，那么，同一种政策就不可能既稳定总产品缺口，又稳定总通货膨胀率。当前，我国货币政策包括数量和价格两类实质性调控工具，数量型货币政策工具侧重于直接调控货币供给量，主要包括公开市场操作和准备金率调整两类；价格型货币政策侧重于间接调控，通常借助于金融市场的长短期利率期限结构来影响市场预期和经济行为。那么，究竟哪种货币政策更加适用于中国的物价稳定呢?

大量基于宏观经济数据的实证研究发现，价格总水平通常具有粘性。例如，Christiano、Eichenbaum 和 Evans（1999）发现，在一个未预期的紧缩货币政策冲击后，价格总指数短期内会保持不变，约一年半后才开始下降。对商品批发、零售价格的研究也发现，商品价格通常会保持数月不变（Carlton，1986；Cecchetti，1986；Kackmeister，2007；Kashyap，1995；Levy 等，1997；MacDonald 等，2000）。Blinder（1998）对厂商进行调查后得出产品价格一般会维持数月不变的结论。因此，许多宏观经济模型（Christiano 等，2005；Rotemberg 等，1997；Smets 等，2007；Woodford，2009），包括用于政策分析的模型，纷纷引入价格粘性的假设以捕捉宏观经济数据的许多特征，尤其是货币政策冲击对价格的持久性效应。

目前的文献都是以发达国家为研究对象，很少有专门针对发展中国家的研究。在对中国宏观经济波动的研究中，除了渠慎宁等（2012）通过考察中国居民消费品价格指数的特征事实发现，其存在一定程度的价格粘性现象，大部分学者局限于存在价格粘性假设的新凯恩斯主义模型在中国经济中的应用（胡志鹏，2012；李成等，2011；王文甫，2010；薛鹤翔，2010；Zhang，2009），而对我国价格粘性及其异质性的研究还不多。

鉴于此，本章旨在提供一个将实证和理论相统一的研究框架，分两步展开分析和讨论：

第一步，利用 FAVAR 模型研究部门价格的粘性特征。借鉴 Boivin 等（2009）构造我国的宏观经济信息集，建立增广因子向量自回归模型（FA-VAR），从宏观经济信息集中提取宏观成分，并将各部门价格分解为共同成分和特质成分，进而考察共同成分冲击与特质成分冲击下部门价格的粘性程度，并比较部门价格在数量型与价格型货币政策冲击下的反应。

第二步，构建与经验事实相匹配的 DSGE 模型。本章首先以 Carvalho 和 Lee（2011）的模型为基础，引入中间产品生产、劳动力市场分割与货币产生效应假设；其次，假设除了总体冲击，经济系统还面临着特定部门的供需冲击；再次，考察数量型货币政策调控模式与价格型货币政策调控模式下不同冲击对部门价格粘性程度的影响，并比较部门价格在数量型与价格型货币政策冲击下的反应；最后，分析该 DSGE 模型与经验事实相吻合的机制。

本章的模型与王少平等（2012）、Carvalho 等（2011）相类似，但所讨论的问题与以上两篇文献的区别如下：第一，关注的是在外生冲击下的部门价格粘性，王少平等（2012）关注的是通货膨胀的波动性；第二，着重于评价数量型调控模式与价格型调控模式下的部门价格粘性，而不只是关注价格型调控模式；第三，合理地描述我国由于存贷款利率未放开、货币供应量依然发挥核心作用的经济现实，引入货币内在效用（MIU）假设，并分析了货币内生对价格粘性的作用机制。

本章相较于以往文献的有如下创新：第一，区分总体成分冲击和特质成分冲击；发现在总体冲击和货币冲击下，部门价格均表现粘性；在部门特质冲击下，部门价格表现弹性。区分数量型货币政策冲击与价格型货币政策冲击发现，在数量型货币政策冲击下，部门价格表现相对弹性；在价格型货币政策冲击下，部门价格表现相对粘性。第二，构建新凯恩斯一般均衡模型，引入中间产品生产、劳动力市场分割、货币内在效用假设以及货币内生规则，进而发现：中间投入品效应与劳动力市场分割效应引起的厂商定价战略互补性是造成总体冲击下价格粘性、特质冲击下部门价格表现弹性的主要原因；数量型货币政策冲击下的价格弹性与价格型货币政策下的价格粘性是由于货币内生与 MIU 假设使货币供应量可以不通过利率而直接影响价格；相比之下，利率冲击不会直接影响价格，只是通过利率影响货币需求，进而影响价格的间接途径。

7.1 基于 FAVAR 模型的部门价格粘性

7.1.1 FAVAR 模型设定

本节借鉴 Boivin 等（2009）构建 FAVAR 模型如式（7.1）所示。

$$C_t = \Phi(L)C_{t-1} + \varepsilon_t \qquad (7.1)$$

其中，$C_t = [F'_t, M'_t]'$，F_t 为 $K \times 1$ 维不可观测的因子，M_t 为可观测的代表货币政策的宏观因子。该模型假设了我国宏观经济的特征可以通过宏观因子向量描述。由于本章的研究重点是货币政策效应，因此宏观因子中包括了反映货币政策的变量 M_t。虽然我国货币政策偏重于数量型，而非价格型，但胡志鹏（2012）认为，随着我国货币需求函数变得不稳定，价格型货币政策将优于数量型货币政策。因而本章将分别研究利率与货币供应量分别作为价格型与数量型货币政策对价格粘性产生的效应。剩下的宏观因子由 $K \times 1$ 维不可观测的因子 F_t 描述。不可观测的宏观因子捕捉了我国宏观经济的基本特征，它是宏观经济信息集中的体现。

该模型的问题在于 F_t 不可观测。本章假设这些因子包含了大量宏观经济变量的信息，记 X_t 为 N 维的宏观经济信息集，其中 $N \gg K$。假设信息集与宏观因子的关系如下：

$$X_t = \Lambda C_t + \upsilon_t \qquad (7.2)$$

其中，Λ 为 $N \times (K+1)$ 的因子载荷矩阵，$N \times 1$ 维向量 υ_t 为特质成分，假设特质成分 υ_t 与共同成分不相关。

本章借鉴 Boivin 等（2009）的做法，采用两阶段法进行估计[①]：首先，运用基于主成分分析的基本思想估计式（7.2），获得 $\hat{F}_t$、$\hat{\upsilon}_t$ 和 $\hat{\Lambda}$；其次，将 $\hat{F}_t$ 代入式（7.1），利用 OLS 法估计可获得 $\hat{\Phi}(L)$ 和 $\hat{\varepsilon}_t$。该方法具有的优点：第一，计算方便简单；第二，允许特质成分 υ_t 存在一定程度的序列相

---

① 估计 FAVAR 模型的 MATLAB 代码源自 http：//www. aeaweb. org/articles. php？ doi = 10. 1257/aer. 99. 1. 350。

关性，没有强加很多分布假设；第三，具有较好的预测能力。

7.1.2　数据处理

考虑到影响分类价格和货币政策制定的经济因素较多，本章借鉴王少平等（2012）、Boivin 等（2009）的研究，结合我国数据的可获得性情况，选取了 79 种经济变量。为了尽量反映分类价格的动态特征，本章采用了二级子分类价格数据[①]，共有 32 个序列。其他变量大致可分为八组：一是反映实际产出的变量，包括工业增加值增速和轻、重工业增加值增速；二是反映房地产市场的变量，包括房地产开发投资、综合景气指数以及商品房新开工、竣工面积和销售额；三是反映消费和零售的变量，包括社会消费品零售总额增速、消费者预期指数与信心指数和食品、居住等八大类的消费支出[②]；四是反映投资类的变量，包括固定资产投资总额增速和第一、第二、第三产业固定资产投资额增速；五是关于股票市场的变量，包括上证、深证股票价格的相关指数；六是反映货币政策工具变量，包括美元、日元、港元等货币兑换人民币汇率、货币供应量（M0、M1 和 M2）以及银行间各期限的拆借利率；七是反映进出口的变量，包括进出口总额、进口额、出口额和出口占进口比例；八是反映劳动力供给的变量，包括城镇单位从业人员数。

为最大化时间维度，本章选择使用月度样本数据，样本期间设定为 2001 年 1 月至 2012 年 6 月。数据主要来源于《中国经济景气月报》与中经网数据库。由于 FAVAR 模型假定 X_t 的分量是均值为零的平稳序列，数据经过以下几步处理：第一，对需要季节调整的序列使用 X-12 方法消除季节影响因素；第二，对于实际消费支出，使用 CPI 定基指数进行价格平减剔除价格因素的影响；第三，对于各类定基价格指数、消费支出、外汇储备和各类进出口序列，通过先取对数再一阶差分使之成为平稳的月度环比数据；第四，对于各类指数、增速、利率变量，由于其本身就是平稳数

---

①　本章根据 2003 年 1 月至 2012 年 6 月的环比月度数据以及 2001 年 1 月至 2012 年 6 月的同比数据，推算出以 2001 年 1 月为基期的价格指数。

②　由于国家统计局未提供八大类消费支出与城镇单位从业人员数的月度数据，因而通过插值法，将季度数据转变为月度数据。

据，而无须处理；第五，将所有经过处理的序列进行标准化，即减去均值并除以标准差，使其满足均值为 0 和方差为 1 的要求。

为了能够比较数量型货币政策和价格型货币政策对价格冲击的差异，本章分别选择广义货币供应量 M2 和银行同业拆借加权平均利率作为可观测的货币政策因子进行 FAVAR 模型的估计。Boivin 等（2009）设定向量 F_t 中有 5 个潜在因子，选定的向量自回归模型滞后阶数为 13，由于本章模型与 Boivin 等（2009）中采用的数据同为月度数据，所以设定模型的滞后阶数为 13。

7.1.3 实证结论

对于所有的价格序列，式（7.2）意味着式（7.3）成立。

$$\pi_{it} = \lambda_i' \begin{bmatrix} F_t \\ M_t \end{bmatrix} + e_{it} \equiv \lambda_i' C_t + e_{it} \tag{7.3}$$

其中，通胀率 $\pi_{it} = \log(P_{it}) - \log(P_{it-1})$，可以理解为价格序列取对数后的变化量。该表达式可以区分出分类通胀率波动是来自宏观经济因素 C_t 还是来自分类部门的特质因素 e_{it}。图 7.1 给出 81 个变量的 FAVAR 脉冲响应图，左边的两幅图报告的是分类价格水平 $\log(P_{it})$ 对该分类部门特质成分 e_{it} 一个单位冲击的反应，粗线为响应的算术平均。可以看出，价格受到特质成分冲击后，立即下降，很快又达到了新的均衡水平。中间的两幅图报告了分类价格对共同成分冲击的响应，受到冲击后，分类价格缓慢下降，揭示了分类价格对宏观经济扰动的反应相当缓慢。右边的两幅图报告的是货币政策对分类价格的冲击，右上图是受到数量型货币政策冲击后，分类价格上涨，12 个月后价格回落至新的均衡；右下图是受到价格型货币政策冲击后，分类价格缓慢下降，36 个月后才开始上升至新的均衡，反映了利率比货币供应量对分类价格的影响具有更大程度的滞后性。

从这些脉冲响应函数可以算出分类价格面对每个冲击的响应速度。参照 Mackowiak、Moench 和 Wiederholt（2009）的做法，给定脉冲响应函数，响应速度定义为平均短期响应（前 6 个月）对平均长期响应（前两年的最后 6 个月）的比率。

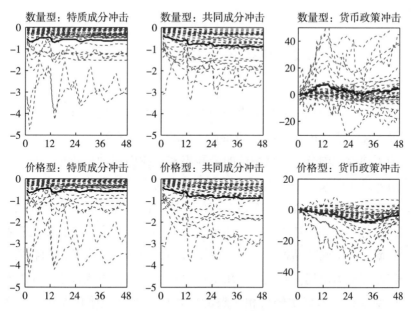

图 7.1　81 个变量 FAVAR 模型的分类价格响应

$$响应速度=\frac{\sum_{t=1}^{6}\left|IRF_{t}\right|}{\sum_{t=19}^{24}\left|IRF_{t}\right|} \qquad (7.4)$$

从表 7.1 的第一项均值可以看出，特质冲击下的分类价格响应平均速度（1.044 和 1.095）要高于共同冲击下的平均速度（0.616 和 0.623）；数量型货币政策冲击下的分类价格响应平均速度（0.425）要大于价格型货币政策冲击下的价格响应平均速度（0.107）。从表 7.1 的第二项标准差可以看出，数量型货币冲击下的部门价格粘性要比价格型货币冲击下的部门价格粘性的离散程度更高，这意味着数量型货币调控模式会给部门价格带来更大的不确定性。

表 7.1　实证模型脉冲响应速度的统计值（81 个变量）

	数量型特质冲击	数量型共同冲击	数量型货币政策冲击	价格型特质冲击	价格型共同冲击	价格型货币政策冲击
均值	1.044	0.616	0.425	1.095	0.623	0.107
标准差	0.308	0.197	4.009	0.297	0.214	0.251
与（$1-\alpha_k$）的相关系数	0.389	0.277	−0.251	0.438	0.202	−0.144

7.2　DSGE 模型构建与求解

本节以动态随机一般均衡模型为框架，其基本假设：行为人追求自身效用最大化、货币内在效用（Money in Utility）、价格粘性、市场垄断竞争等。为了捕捉中国分类价格粘性的经验事实，我们在动态随机一般均衡模型中引入三个假设：多个生产部门、存在中间产品生产以及劳动力市场分割。在中国的经济环境中存在多个部门，这些部门均受到具有共同效应的总体冲击与具有部门特质的需求冲击与供给冲击；厂商生产出来的产品被其他厂商作为中间产品投入生产；每个劳动力市场均具有其部门特质，以至于存在劳动力市场分割效应。从定性的角度来讲，引入以上三个假设来构建模型是和中国现实经济相一致的，并且三者在经济机制中具有关键作用。

引入 MIU 假设，一方面该假设能够将货币引入模型，另一方面该假设能够更合理地描绘货币供应量在我国货币政策中发挥的核心作用。在发达的市场经济体中，利率是货币政策传导的一个重要途径。如果中央银行采用数量型调控模式，通过基础货币、信贷额度控制等政策工具外生地决定中间目标——货币供应量，再通过利率传导给各经济部门。具体而言，货币供应量的减少（增加），将导致利率水平的提高（降低），这样提高（降低）了借贷成本，从而使投资、消费等变量降低（提高），进而使总需求降低（提高），而总需求的变化将导致均衡产出和物价的变化。然而，将传导过程解读为"货币供应量影响利率，再由利率决定最终政策目标（产出和通胀）"似乎并不符合中国国情。毕竟，我国存贷款利率目前尚未完全放开，利率在企业投资、居民消费决策中的作用并不如发达经济体那样直接而有效。相比之下，在我国货币政策中起核心作用，对产出和通胀构成硬约束的仍然是货币供应量。因此，为了较合理地描绘我国实际的货币政策传导机制，本章引入货币内在效用（Money in Utility，MIU）假设，使货币供应量能够通过效用函数直接决定消费者决策，进而影响产出和通胀。

经济体被划分为有限数量的部门，设代表性部门为 $k \in \{1, 2, \cdots, K\}$。存在大量厂商，将其单位化在 $[0, 1]$ 之间的连续统上。代表性厂商 i 属于 K 个部门中的某一个部门，生产有差别的产品用作消费品和中间投入品。本章用厂商 ik 表示属于部门 k 的厂商 i，用 Ω_k 表示属于部门 k 的所有厂商的集合，因此有 $\cup_{k=1}^{K} \Omega_k = [0, 1]$，部门 k 的规模用 n_k 表示。

7.2.1 代表性家庭

代表性家庭的效用来自消费和真实货币余额，为不同部门中的厂商提供劳动，最大化其效用函数为式（7.5）。

$$\max E_0 \left[\sum_{t=0}^{\infty} \beta^t \left(\log(C_t) + \omega \log\left(\frac{M_t}{P_t}\right) - \sum_{k=1}^{K} \omega_k \frac{H_{k,t}^{1+\varphi}}{1+\varphi} \right) \right] \qquad (7.5)$$

其中，C_t 为家庭消费，M_t/P_t 为真实货币余额，$H_{k,t}$ 为提供给部门 k 的劳动时间。劳动者在部门内部是可以完全流动的，但是不能跨部门流动。参数 β 与 φ 分别代表贴现因子与劳动供给弹性的倒数，ω 代表真实货币余额对效用的贡献度，$\{\omega_k\}_{k=1}^{K}$ 代表提供给部门 k 的劳动对效用的贡献度。

代表性家庭面临的预算约束为式（7.6）。

$$P_t C_t + M_t + E_t[Q_{t,t+1} B_{t+1}] = M_{t-1} + B_t + \sum_{k=1}^{K} W_{k,t} H_{k,t} + \sum_{k=1}^{K} \int_{\Omega_k} \Pi_{k,t}(i) \, di$$

$$(7.6)$$

其中，P_t 表示总体价格水平，$W_{k,t}$ 表示部门 k 的工资率，$\Pi_{k,t}(i)$ 表示厂商 ik 的利润。家庭可以通过出卖名义有价证券获得收入。B_{t+1} 表示家庭所持有的名义有价证券，$Q_{t,t+1}$ 表示名义随机贴现因子。根据这个贴现因子，无风险短期（一期）名义利率 r_t 对应式（7.7）的解：

$$\frac{1}{1+r_t} = E_t[Q_{t,t+1}] \qquad (7.7)$$

消费组合为式（7.8）：

$$C_t = \left(\sum_{k=1}^{K} (n_k D_{k,t})^{1/\eta} C_{k,t}^{(\eta-1)/\eta} \right)^{\eta/(\eta-1)} \qquad (7.8)$$

其中，η 表示不同部门消费品组合间的替代弹性；$D_{k,t}>0$ 表示相对需求冲击，满足 $\sum_{k=1}^{K} n_k D_{k,t} = 1$。$P_t$ 是相应的价格指数：

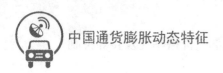

$$P_t = \left(\sum_{k=1}^{K} (n_k D_{k,t}) P_{k,t}^{1-\eta} \right)^{1/(1-\eta)} \tag{7.9}$$

其中，$P_{k,t}$ 是相对应部门的消费组合 $C_{k,t}$ 的价格指数。给定总体消费 C_t 和价格 P_t 以及 $P_{k,t}$，使总支出 $P_t C_t$ 最小化的部门 k 产品的最优需求为：

$$C_{k,t} = n_k D_{k,t} \left(\frac{P_{k,t}}{P_t} \right)^{-\eta} C_t \tag{7.10}$$

部门 k 的产品消费组合定义为式（7.11）。

$$C_{k,t} = \left(\left(\frac{1}{n_k} \right)^{1/\theta} \int_{\Omega_k} C_{k,t}(i)^{(\theta-1)/\theta} di \right)^{\theta/(\theta-1)} \tag{7.11}$$

相对应部门的产品价格指数为式（7.12）。

$$P_{k,t} = \left(\frac{1}{n_k} \int_{\Omega_k} P_{k,t}(i)^{1-\theta} di \right)^{1/(1-\theta)} \tag{7.12}$$

这里 θ 表示部门 k 内部产品之间的替代弹性。给定 $C_{k,t}$，对厂商 ik 的产品的最优需求为式（7.13）。

$$C_{k,t}(i) = \frac{1}{n_k} \left(\frac{P_{k,t}(i)}{P_{k,t}} \right)^{-\theta} C_{k,t} \tag{7.13}$$

家庭效用最大化问题的三个一阶条件分别为式（7.14）至式（7.16）。

$$\omega \left(\frac{M_t}{P_t} \right)^{-1} = \frac{1}{C_t} - \beta E_t \left[\frac{P_t}{P_{t+1} C_{t+1}} \right] \tag{7.14}$$

$$E_t Q_{t,t+1} = \beta E_t \left[\left(\frac{P_t}{P_{t+1}} \right) \left(\frac{C_t}{C_{t+1}} \right) \right] \tag{7.15}$$

$$\frac{W_{k,t}}{P_t C_t} = \omega_k H_{k,t}^{\varphi} \tag{7.16}$$

7.2.2　厂商

厂商利用具有部门特点的劳动与中间产品进行生产，生产函数如式（7.17）所示。

$$Y_{k,t}(i) = A_t A_{k,t} H_{k,t}(i)^{1-\delta} Z_{k,t}(i)^{\delta} \tag{7.17}$$

其中，$Y_{k,t}(i)$ 为厂商 ik 的产出，A_t 为总体技术，$A_{k,t}$ 为具有该部门特质的技术，$H_{k,t}(i)$ 为厂商 ik 雇用的劳动时间，δ 为中间投入品的产出弹性。$Z_{k,t}(i)$ 为厂商 ik 将其他产品作为中间投入的数量。

$$Z_{k,t}(i) = \left(\sum_{k'=1}^{K} (n_{k'} D_{k',t})^{1/\eta} Z_{k,k',t}(i)^{(\eta-1)/\eta} \right)^{\eta/(\eta-1)} \tag{7.18}$$

式（7.18）假设中间投入品组合的部门间替代弹性与消费组合的部门间替代弹性同为 η，$Z_{k,k',t}(i)$ 为厂商 ik 将部门 k' 的产品作为中间投入的数量。

$$Z_{k,k',t} = \left(\left(\frac{1}{n_{k'}} \right)^{1/\theta} \int_{\Omega_{k'}} Z_{k,k',t}(i,i')^{(\theta-1)/\theta} di' \right)^{\theta/(\theta-1)} \tag{7.19}$$

其中，$Z_{k,k',t}(i,i')$ 为厂商 ik 从厂商 $i'k'$ 处购买的产品数量。

给定价格 P_t、$P_{k',t}$ 和 $P_{k',t}(i)$，给定工资 $W_{k,t}$，厂商 ik 能够决定在生产当中每种中间投入品的使用数量。生产成本最小化问题的一阶条件为式（7.20）至式（7.22）所示。

$$Z_{k,t}(i) = \frac{\delta}{1-\delta} \frac{W_{k,t}}{P_t} H_{k,t}(i) \tag{7.20}$$

$$Z_{k,k',t}(i) = n_{k'} D_{k',t} \left(\frac{P_{k',t}}{P_t} \right)^{-\eta} Z_{k,t}(i) \tag{7.21}$$

$$Z_{k,k',t}(i,i') = \frac{1}{n_{k'}} \left(\frac{P_{k',t}(i')}{P_{k',t}} \right)^{-\theta} Z_{k,k',t}(i) \tag{7.22}$$

本章采用 Calvo（1983）设置名义价格粘性的方法，假设在每一期，每个厂商有（$1-\alpha_k$）的概率能够调整价格，相应有 α_k 的概率保持价格不变。价格不变概率 α_k 外生给定，独立于时期和厂商。因此，部门价格水平为式（7.23）。

$$P_{k,t} = \left[\frac{1}{n_k} \int_{\Omega_{k,t}^*} P_{k,t}^{*1-\theta} di + \frac{1}{n_k} \int_{\Omega_k - \Omega_{k,t}^*} P_{k,t-1}(i)^{1-\theta} di \right]^{\frac{1}{1-\theta}}$$

$$= \left[(1-\alpha_k) P_{k,t}^{*1-\theta} + \alpha_k P_{k,t-1}^{1-\theta} \right]^{\frac{1}{1-\theta}} \tag{7.23}$$

其中，$P_{k,t}^*$ 为 t 时期厂商选择的调整价格水平。$\Omega_{k,t}^* \subset \Omega_k$ 为在部门 k 中调整价格的厂商集合，规模为 n_k（$1-\alpha_k$）。

调整价格的厂商最大化其期望贴现利润。

$$\max_{P_{k,t}(i)} E_t \sum_{s=0}^{\infty} \alpha_k^s Q_{t,t+s} \Pi_{k,t+s}(i) \tag{7.24}$$

其中，$Q_{t,t+s}$ 为 $t+s$ 时期对 t 时期的随机贴现因子，$\Pi_{k,t+s}(i)$ 为在 t 时期

调整价格之后，厂商 ik 在 $t+s$ 时期的利润：

$$Q_{t,\,t+s} = \beta^s \left(\frac{C_t}{C_{t+s}} \right) \left(\frac{P_t}{P_{t+s}} \right) \tag{7.25}$$

$$\Pi_{k,\,t+s}(i) = P_{k,\,t}(i) Y_{k,\,t+s}(i) - W_{k,\,t+s} H_{k,\,t+s}(i) - P_{t+s} Z_{k,\,t+s}(i) \tag{7.26}$$

厂商利润最大化问题的一阶条件为式（7.27）。

$$E_t \sum_{s=0}^{\infty} \alpha_k^s Q_{t,\,t+s} \left(\frac{P_{k,\,t}^*}{P_{k,\,t+s}} \right)^{-\theta} \left(\frac{P_{k,\,t+s}}{P_{t+s}} \right)^{-\eta} D_{k,\,t+s} Y_{t+s} \left[P_{k,\,t}^* - \left(\frac{\theta}{\theta-1} \right) MC_{k,\,t+s} \right] = 0$$

$$\tag{7.27}$$

其中，

$$MC_{k,\,t+s} = P_{t+s} A_{t+s}^{-1} A_{k,\,t+s}^{-1} \frac{1}{1-\delta} \left(\frac{\delta}{1-\delta} \right)^{-\delta} \left(\frac{W_{k,\,t+s}}{P_{t+s}} \right)^{1-\delta} \tag{7.28}$$

其中，$MC_{k,t+s}$ 为厂商 ik 在 $t+s$ 时期的名义边际成本。由一阶条件得到的最优价格决定了各部门价格的均衡动态。总体价格动态可由各部门价格动态的加总得到。

7.2.3 货币政策

为了分析简便，本模型只考虑货币政策的影响，不考虑财政政策的影响，假设政府既不征税，也没有政府购买。考虑到中国货币内生性事实，本章有两个关于货币政策的假设：其一，中央银行要么采用数量型货币政策调控模式，要么采用价格型货币政策调控模式；其二，货币政策能够对名义总消费冲击作出反应。

本章借鉴李成等（2011）Christiano、Eichenbaum 和 Evans（1998），设定货币供给增长率为通胀缺口和实际消费缺口的函数为式（7.29）。

$$G_t = \beta^{-1} G_{t-1}^{\lambda_M} \left[\left(\frac{P_t}{P_{t-1}} \right)^{\phi_{M,\pi}} \left(\frac{C_t}{C} \right)^{\phi_{M,c}} \right]^{-(1-\lambda_M)} \exp(\mu_{M,t}) \tag{7.29}$$

其中，G_t 为名义货币供给增长率，如式（7.30）所示。

$$G_t = \frac{M_t - M_{t-1}}{M_{t-1}} \tag{7.30}$$

其中，λ_M 为数量型货币政策平滑系数。$\phi_{M,\pi}$ 和 $\phi_{M,c}$ 大于零，分别代表货币增长率对通货膨胀和产出的反应系数，表示央行逆经济周期而动。

分析中选取基础货币 M2 的环比增速作为数量型工具的表征变量。$\mu_{M,t}$ 为数量型货币政策冲击，C 为零通胀稳态时的消费水平。

本章在借鉴 Lee（2007）和李成等（2011）的基础上，设定我国央行采用式（7.31）价格型货币政策模式。

$$R_t = \beta^{-1} R_{t-1}^{\lambda_R} \left[\left(\frac{P_t}{P_{t-1}} \right)^{\phi_{R,\pi}} \left(\frac{C_t}{C} \right)^{\phi_{R,C}} \right]^{(1-\lambda_R)} \exp(\mu_{R,t}) \tag{7.31}$$

其中，R_t 为名义利率，λ_R 为价格型货币政策平滑系数。$\phi_{R,\pi}$ 和 $\phi_{R,C}$ 大于 0，分别代表名义利率对通货膨胀和产出的反应系数。$\mu_{R,t}$ 为价格型货币政策冲击。

7.2.4 模型中的外生冲击

总体技术冲击：$a_t = \rho_A a_{t-1} + \varepsilon_{A,t}$ (7.32)

数量型货币政策冲击：$\mu_{M,t} = \rho_M \mu_{M,t-1} + \varepsilon_{M,t}$ (7.33)

价格型货币政策冲击：$\mu_{R,t} = \rho_R \mu_{R,t-1} + \varepsilon_{R,t}$ (7.34)

部门技术冲击：$a_{k,t} = \rho_{A_k} a_{k,t-1} + \varepsilon_{A_k,t}$ (7.35)

部门需求冲击：$d_{k,t} = \tilde{d}_{k,t} - \sum_{k=1}^{K} n_k \tilde{d}_{k,t-1}$，其中 $\tilde{d}_{k,t} = \rho_{D_k} \tilde{d}_{k,t-1} + \varepsilon_{D_k,t}$

$$\tag{7.36}$$

其中，ρ_A、ρ_M、ρ_R、ρ_{A_k}、ρ_{D_k} 表示冲击的持久性，随机扰动项 $\varepsilon_{A,t}$、$\varepsilon_{M,t}$、$\varepsilon_{R,t}$、$\varepsilon_{A_k,t}$、$\varepsilon_{D_k,t}$ 均服从 i.i.d. 过程，均值为 0，标准差分别为 σ_A、σ_M、σ_R、σ_{A_k}、σ_{D_k}。

7.2.5 均衡

给定经济中的偏好、技术和资源约束，当经济达到系统均衡时，各经济主体实现约束下的最大化：家庭实现预算约束下的预期效用最大化，厂商实现预期利润最大化，并且满足货币政策规则以及各市场出清：

债券市场出清：$B_t = 0$ (7.37)

各部门的劳动力市场出清：$H_{k,t} = \int_{\Omega_k} H_{k,t}(i)\,di \quad \forall k$ (7.38)

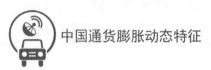

各产品市场出清：$Y_{k,t}(i) = C_{k,t}(i) + \sum_{k'=1}^{K} \int_{\Omega_{k'}} Z_{k',k,t}(i',i)\,di' \quad \forall i,k$

$$(7.39)$$

此外，定义加总工资和加总工作时间为式（7.40）和式（7.41）。

$$W_t \equiv \sum_k n_k W_{k,t} \tag{7.40}$$

$$H_t \equiv \sum_k H_{k,t} \tag{7.41}$$

7.2.6 稳态

按照 Uhlig（1995）的方法，将该模型的稳态定义为对称的、非随机、零通胀的稳态。事实上，对称的非随机稳态均衡并不常见，特别是，当均衡依赖于部门生产率 $\{A_k\}_{k=1}^{K}$ 和衡量各部门劳动时间对效用的贡献率 $\{\omega_k\}_{k=1}^{K}$。为了分析简便，假设：其一，各部门生产率的稳态值相等且均等于 1，即 $A_k=1$，$\forall k$；其二，假设劳动供给对效用的贡献率与部门的规模相关，即 $\omega_k = n_k^{-1}$。由于假设部门之间与部门内部之间的产品、消费品、中间投入品、劳动供给、利润、工资率、价格均存在对称性，则稳态值可用大写字母表示为式（7.42）至式（7.48）。

$$Y_k = n_k Y_k(i) = n_k Y \tag{7.42}$$

$$C_k = n_k C_k(i) = n_k C \tag{7.43}$$

$$Z_k = n_k Z_k(i) = n_k Z \tag{7.44}$$

$$H_k = n_k H_k(i) = n_k H \tag{7.45}$$

$$\Pi_k(i) = \Pi \tag{7.46}$$

$$W_k = W \tag{7.47}$$

$$\frac{P(i)}{P} = \frac{P_k}{P} = 1 \tag{7.48}$$

由式（7.6）得式（7.49）。

$$C = \left(\frac{W}{P}\right)H + \left(\frac{\Pi}{P}\right) \tag{7.49}$$

由式（7.16）得式（7.50）。

$$H^{\varphi} C = \left(\frac{W}{P}\right) \tag{7.50}$$

由式（7.17）得式（7.51）。

$$Y = H^{1-\delta} Z^{\delta} \tag{7.51}$$

由市场出清条件式（7.39），得式（7.52）。

$$Y = C + Z \tag{7.52}$$

由式（7.49）和式（7.52），得式（7.53）。

$$\left(\frac{\Pi}{P}\right) = Y - \left(\frac{W}{P}\right) H - Z \tag{7.53}$$

由式（7.20）得式（7.54）。

$$Z = \frac{\delta}{1-\delta}\left(\frac{W}{P}\right) H \tag{7.54}$$

由式（7.28）得式（7.55）。

$$\left(\frac{W}{P}\right) = \left(\frac{1}{\chi}\frac{\theta-1}{\theta}\right)^{\frac{1}{1-\delta}}, \text{其中} \chi \equiv \frac{1}{1-\delta}\left(\frac{\delta}{1-\delta}\right)^{-\delta} \tag{7.55}$$

由式（7.51）和式（7.54）得式（7.56）。

$$Y = H^{1-\delta}\left[\frac{\delta}{1-\delta}\left(\frac{W}{P}\right) H\right]^{\delta} = H\left[\frac{\delta}{1-\delta}\left(\frac{W}{P}\right)\right]^{\delta} \tag{7.56}$$

由式（7.53）和式（7.54）得式（7.57）。

$$\left(\frac{\Pi}{P}\right) = Y - \left(\frac{W}{P}\right) H - \frac{\delta}{1-\delta}\left(\frac{W}{P}\right) H = Y - \frac{1}{1-\delta}\left(\frac{W}{P}\right) H \tag{7.57}$$

由式（7.56）和式（7.57）得式（7.58）。

$$\left(\frac{\Pi}{P}\right) = \left(\frac{\delta}{1-\delta}\right)^{\delta}\left(\frac{W}{P}\right)^{\delta} H - \left(\frac{1}{1-\delta}\right)\left(\frac{W}{P}\right)$$

$$= \left(\frac{\delta}{1-\delta}\right)^{\delta}\left(\frac{W}{P}\right)^{\delta} H\left[1 - \frac{1}{1-\delta}\left(\frac{1-\delta}{\delta}\right)^{\delta}\left(\frac{W}{P}\right)^{1-\delta}\right]$$

$$= \left[1 - \frac{1}{1-\delta}\left(\frac{1-\delta}{\delta}\right)^{\delta}\left(\frac{W}{P}\right)^{1-\delta}\right] Y \tag{7.58}$$

由式（7.56）和式（7.58）得式（7.59）。

$$\left(\frac{\Pi}{P}\right) = \frac{1}{\theta} Y \tag{7.59}$$

将式（7.54）和式（7.59）代入式（7.49）得式（7.60）。

$$C = \left(\frac{W}{P}\right) H + \left(\frac{\Pi}{P}\right) = \frac{1-\delta}{\delta} Z + \frac{1}{\theta} Y = \frac{1-\delta}{\delta}(Y-C) + \frac{1}{\theta} Y \tag{7.60}$$

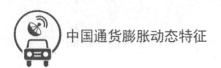

$$\Rightarrow C = \left[1 - \delta\left(\frac{\theta-1}{\theta}\right)\right]Y \tag{7.61}$$

由式（7.52）和式（7.61）得式（7.62）。

$$Z = Y - C = Y - \left[1 - \delta\left(\frac{\theta-1}{\theta}\right)\right]Y = \delta\left(\frac{\theta-1}{\theta}\right)Y \tag{7.62}$$

7.2.7 对数线性化

本部分通过在稳态值处对数线性化均衡条件，得到对数线性化模型系统：

$$\{c_t,\ \pi_t,\ r_t,\ m_t,\ h_t,\ w_t,\ z_t,\ g_t\}\ 和\ \{c_{k,t},\ \pi_{k,t}\}_{k=1}^{K}$$

其中，小写字母代表真实变量对其稳态值的偏离，$\pi_t \equiv p_t - p_{t-1}$ 为通货膨胀。以下 $8 + (2 \times K)$ 个方程决定了这些变量的均衡动态：

IS 曲线：$c_t = E_t[c_{t+1}] + E_t\pi_{t+1} - r_t$ \hfill (7.63)

加总劳动力供给：$w_t = \varphi h_t + c_t$ \hfill (7.64)

加总生产函数：$(1-\psi)c_t + \psi z_t = a_t + \sum_k n_k a_{k,t} + (1-\delta)h_t + \delta z_t$ \hfill (7.65)

加总成本最小化条件：$w_t = z_t - h_t$ \hfill (7.66)

部门菲利普斯曲线：

$$\pi_{k,t} = \beta E_t\pi_{k,t+1} + \frac{(1-\alpha_k)(1-\alpha_k\beta)}{\alpha_k}\left[\left(\frac{(1-\delta)\varphi}{1+\delta\varphi} + \frac{1}{\eta}\right)c_{k,t}\right.$$

$$\left. + \left(\frac{(1-\delta)(1-\psi\varphi)}{1+\delta\varphi} - \frac{1}{\eta}\right)c_t + \frac{(1-\delta)\psi\varphi}{1+\delta\varphi}z_t - \frac{1+\varphi}{1+\delta\varphi}(a_t + a_{k,t}) - \frac{1}{\eta}d_{k,t}\right]$$

$$\tag{7.67}$$

总体通货膨胀：$\pi_t = \sum_k n_k\pi_{k,t}$ \hfill (7.68)

部门消费品的需求函数：$\Delta(c_{k,t} - c_t) = -\eta(\pi_{k,t} - \pi_t) + \Delta d_{k,t}$ \hfill (7.69)

货币需求：$m_t = c_t - \dfrac{\beta}{1-\beta}r_t$ \hfill (7.70)

货币供给：$m_t = m_{t-1} - \pi_t + g_t$ \hfill (7.71)

数量型货币政策：$g_t = \lambda_M g_{t-1} - (1-\lambda_M)(\phi_{M,\pi}E_t\pi_{t+1} + \phi_{M,c}c_t) + \mu_{M,t}$ \hfill (7.72)

价格型货币政策：$r_t = \lambda_R r_{t-1} + (1-\lambda_R)(\phi_{R,\pi}E_t\pi_{t+1} + \phi_{R,c}c_t) + \mu_{R,t}$ \hfill (7.73)

其中，$\psi = \delta (\theta - 1) / \theta$。

7.3 模拟分析

7.3.1 部分参数校准

本章假设在平衡增长路径上各个经济变量增长的变化率为 0，这一设定不会影响模型的预测能力（Farmer，1997）。基于中国宏观经济数据的校准参数如表 7.2 所示。

表 7.2 参数校准的基准值

贴现因子 β	0.995	组间替代弹性 η	1.553
劳动供给弹性的倒数 φ	6.16	中间投入品的产出弹性 δ	0.5
组内替代弹性 θ	6	外生冲击的自回归系数 ρ	$0.9^{1/3}$
数量型货币政策平滑系数 λ_M	0.8	价格型货币政策平滑系数 λ_R	0.75
数量型货币政策参数 $\phi_{M,\pi}$	2.5	价格型货币政策参数 $\phi_{R,\pi}$	0.6
数量型货币政策参数 $\phi_{M,C}$	5	价格型货币政策参数 $\phi_{R,C}$	2.6
总体生产率冲击标准差 σ_A	$0.01/\sqrt{3}$	部门需求冲击标准差 σ_{D_k}	$0.025/\sqrt{3}$
货币冲击标准差 σ_M 和 σ_R	$0.02/\sqrt{3}$	部门生产率冲击标准差 σ_{A_k}	$0.075/\sqrt{3}$

第一，对家庭偏好参数进行校准。基于月度数据的考虑，将代表性家庭的主观贴现因子 β 设定为 0.995，这意味着稳态时月度资本收益率为 $1-0.995 = 0.005$，用百分数表示为 0.5%（年度资本收益率为 6%），这一设定参照黄赜琳（2005）。$1/\varphi$ 为 Frisch 劳动供给弹性，本章与 Zhang（2009）均采用具有习惯偏好的效用函数，因而参照 Zhang（2009）设定 $\varphi = 6.16$。

第二，对技术的相关参数进行校准。不失一般性地，设定稳态时 A、A_k、D_k 均为 1。本章参照薛鹤翔（2010），部门间产品的替代弹性 η 取值为 1.553。参照 Carvalho 等（2011），设定部门内产品的替代弹性 θ 为 6，这意味着稳态时厂商的成本加成率为 20%。生产函数采用规模报酬不变的 Cobb-Douglas 形式，参照王文甫（2010）、王小鲁和樊纲（2000）劳动的

产出弹性 $1-\delta$ 取值为 0.5，可得到中间产品的产出弹性 δ 为 0.5。

第三，对货币政策相关参数进行校准。参照 Zhang（2009）的估计，设定数量型货币政策的利率平滑系数 λ_M 为 0.8，通货膨胀预期反应系数 $\phi_{M,\pi}$ 为 2.5，产出反应系数 $\phi_{M,C}$ 为 5；设定价格型货币政策的利率平滑系数 λ_R 为 0.75，通货膨胀预期反应系数 $\phi_{R,\pi}$ 为 0.6，消费支出反应系数 $\phi_{R,C}$ 为 2.6。

第四，对外生冲击参数进行校准。正如前面所强调的，各部门产品价格的调整速度依赖于外部冲击的动态过程。为了分离出在总体与部门冲击下的部门产品价格的不同响应，这里假设所有的外部冲击具有相同的惯性。假设时间单位是月，则自回归系数为 $0.9^{1/3}$，如果时间单位是季度，则自回归系数为 0.9。参照 Carvalho 等（2011）假设总体生产率冲击的标准差 σ_A 为 $0.01/\sqrt{3}$（季度值为 0.01），货币政策冲击 σ_M 和 σ_R 均为 $0.002/\sqrt{3}$。本章设定部门冲击要大于总体冲击，部门产品需求冲击 σ_{D_k} 为 $0.025/\sqrt{3}$，部门生产率冲击 σ_{A_k} 为 $0.075/\sqrt{3}$。另外，部门参数价格不变概率 α_k 与权重 n_k 的校准均参照渠慎宁等（2012），Dhyne、Alvarez、Le Bihan、Veronese、Dias、Hoffmann、Jonker、Lunnemann、Rumler 和 Vilmunen（2005）的研究，如表 7.3 所示。

表 7.3 权重和价格调整概率

k	门类	价格调整频率	价格调整概率	价格不变概率	久期	权重
1	食品	2.450	0.914	0.086	0.408	0.327
2	烟酒	2.560	0.923	0.077	0.391	0.039
3	衣着	1.900	0.850	0.150	0.526	0.091
4	家庭设备	3.620	0.973	0.027	0.276	0.060
5	医疗保健	0.640	0.473	0.527	1.563	0.100
6	交通和通信	0.365	0.306	0.694	2.740	0.104
7	娱乐教育文化	0.630	0.467	0.533	1.587	0.142
8	居住	0.580	0.440	0.560	1.724	0.132

注：久期 Duration $=(1-\alpha_k)^{-1}$。

7.3.2 脉冲响应函数模拟分析

图 7.2 给出了 DSGE 模型模拟的数量型调控模式与价格型调控模式下

部门价格面对总体生产率冲击、部门生产率冲击以及货币政策冲击下的脉冲响应图。

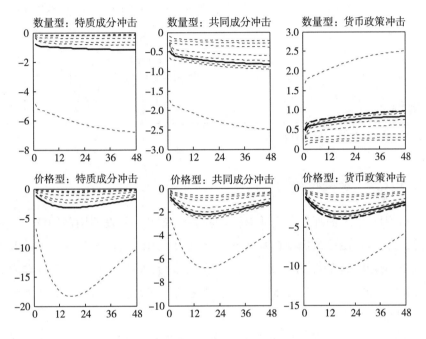

图 7.2 理论模型部门价格响应

根据表 7.4 得出的结论与前面的经验结论相同：部门生产率冲击下的部门价格响应速度要快于总体生产率冲击下的部门价格响应速度；数量型调控模式下的部门价格响应速度要快于价格型调控模式下的部门价格响应速度；部门价格粘性的标准差在数量型调控模式下比在价格型调控模式下更大，数量型货币政策冲击比价格型货币政策冲击给价格粘性带来的不确定性更大；两个模型共同冲击下响应速度与价格调整概率呈正相关，两种货币政策冲击下响应速度呈正相关，但均不是完全相关。由于假设所有外生冲击均遵循相同的动态过程，该结论中不同冲击下的不同响应速度反映模型内部产生响应能力大小。比较本节中 DSGE 模型与 FAVAR 模型的图形与表格，发现两者的结论基本一致。该结论表明，本章中的 DSGE 模型能够较好地匹配 FAVAR 模型的经验结论。

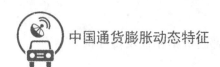

表7.4　理论模型脉冲响应速度的统计值

	数量型特质冲击	数量型共同冲击	数量型货币政策冲击	价格型特质冲击	价格型共同冲击	价格型货币政策冲击
均值	0.826	0.779	0.757	0.587	0.547	0.547
标准差	0.143	0.064	0.693	0.039	0.028	0.028
与 $(1-\alpha_K)$ 的相关系数	0.770	0.959	0.959	0.743	0.953	0.953

注：表中数据来源于笔者计算。

7.3.3　稳健性检验

下面介绍考虑外生冲击非对称的稳健性检验。假设不同部门的外生冲击相同，虽然使得该模型在数量分析上有用，但它只部分反映了本模型与经验结论相吻合的能力。实际上，不同部门的外生冲击一定存在非对称性，由于部门价格的响应依赖于外部冲击的动态性质，将冲击参数对称化可能会存在问题。

因此，我们参照 Adjemian、Bastani、Juillard、Mihoubi、Perendia、Ratto 和 Villemot（2011），采用 Bayesian 方法分别估计数量型货币模式与价格型货币模式下模型的部分参数 λ_M、λ_R、ϕ_c、ϕ_π、ρ_A、ρ_M、ρ_R、σ_A、σ_M、σ_R 与 $\{\rho_{Ak}, \rho_{Dk}, \sigma_{Ak}, \sigma_{Dk}\}_{k=1}^{K}$，并选择蒙特卡洛优化过程（Monte-Carlo Based Optimization Routine）为优化算法。可观测变量包括货币增长率、利率、劳动力增长率、总体通货膨胀、部门通货膨胀以及部门消费支出。本章采用 X12 方法对上述观测变量数据进行季节调整，取对数并采用 HP 滤波后将数据的趋势项去除，从而得到模型所需的波动序列。部门权重的设定采用消费支出权重。将估计的参数代入原模型，得出的关于部门价格粘性的结论与前面的结论基本一致，如图7.3与表7.5所示。

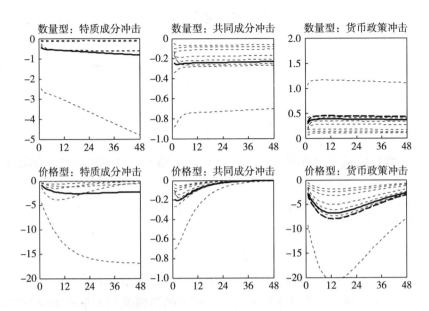

图7.3　非对称外生冲击时理论模型部门价格响应

表7.5　非对称外生冲击时理论模型脉冲响应速度的统计值

	数量型特质冲击	数量型共同冲击	数量型货币政策冲击	价格型特质冲击	价格型共同冲击	价格型货币政策冲击
均值	0.769	1.046	0.936	0.596	0.806	0.721
标准差	0.152	0.099	0.079	0.506	0.080	0.041
与 $(1-\alpha_K)$ 的相关系数	0.599	0.962	0.958	0.026	0.957	0.951

7.4　价格粘性传导机制

　　本部分分析在数量型调控模式与价格型调控模式下，部门价格面对特质冲击与总体冲击表现出不同响应的传导机制。根据 Blanchard 和 Fischer (1989) 的因子分解法得到部门菲利普斯曲线的价格水平形式，如式 (7.74) 所示。

$$p_{k,t} = \xi_1 p_{k,t-1} + \frac{(1-\alpha_k\beta)}{\alpha_k(1-\alpha_k)^{-1}} \frac{1}{\xi_2} \sum_{s=0}^{\infty} \left(\frac{1}{\xi_2}\right)^s E_t X_{t+s} \tag{7.74}$$

其中，$X_t = \left[\frac{(1-\delta)(1+\varphi-\psi\varphi)}{1+\delta\varphi} c_t + \frac{(1-\delta)\psi\varphi}{1+\delta\varphi} z_t + \left(1 + \frac{(1-\delta)\varphi\eta}{1+\delta\varphi}\right) p_t + \frac{(1-\delta)\varphi}{1+\delta\varphi} \right.$

$\left. d_{k,t} - \frac{1+\varphi}{1+\delta\varphi}(a_t + a_{k,t}) \right]$，$\xi_1$ 和 ξ_2 是利用滞后算子 L 得到的如式（7.75）所示的二阶线性期望差分方程，式（7.75）对应的齐次方程的特征根满足 $0 < \xi_1 < 1 < \xi_2$。

$$\left[\beta L^{-2} - \left(1 + \beta + \frac{(1-\alpha_k\beta)}{\alpha_k(1-\alpha_k)^{-1}}\left(1 + \frac{(1-\delta)\varphi\eta}{1+\delta\varphi}\right)\right)L^{-1} + 1 \right] L p_{k,t} = \frac{(1-\alpha_k\beta)}{\alpha_k(1-\alpha_k)^{-1}} X_t \tag{7.75}$$

由式（7.74）可以看出部门价格会受到两种因素的影响：一种为上一期价格；另一种为多个外生变量与内生变量的当前值与未来期望值的加权平均值。

为了使后面的分析有一个参考基准，我们不考虑中间投入品效应（令 $\delta=0$），消除了劳动力市场的分割效应（令 $\varphi=0$），并假定货币冲击外生给定，则部门价格方程简化为式（7.76）。

$$p_{k,t} = \xi_1 p_{k,t-1} + \frac{(1-\alpha_k\beta)}{\alpha_k(1-\alpha_k)^{-1}} \frac{1}{\xi_2} \sum_{s=0}^{\infty} \left(\frac{1}{\xi_2}\right)^s E_t \left[(m_{t+s} + p_{t+s}) + \frac{\beta}{1-\beta} r_{t+s} - (a_{t+s} + a_{k,t+s}) \right] \tag{7.76}$$

其中，$(m_t + p_t)$ 和 r_t 分别为名义货币供应量和名义利率，假设两者均为给定的外生冲击。很明显，各部门价格的动态响应与两个因素有关：第一个因素是各种外生冲击的动态过程，第二个因素是价格调整概率（$1-\alpha_k$）。假设各种外生冲击的动态过程相同且 α_k 对称，则部门价格在各种冲击下的响应相同。这也意味着，名义边际成本等同于外生随机过程 $[(m_t + p_t) + (\beta/1-\beta)r_t - (a_t + a_{k,t})]$ 的线性组合。但是表 7.1 中部门价格的响应速度与价格调整概率（$1-\alpha_k$）的相关程度并不高，并且部门价格粘性在数量型调控与价格型调控这两种情况相差较大。因此本章从两个层次解释价格粘性的传导机制，为了将以上导致价格粘性差异的外生因素剔除，进而探索传导机制中产生不同部门价格响应的内生因素，该部分均假设所有的外生冲击具有相同的动态过程。

7.4.1 货币外生条件下的价格粘性传导机制

本章为了能够捕捉部门价格粘性异质的经验事实，在多个生产部门的假设下引入了中间产品生产假设与劳动力市场分割假设，后两个假设决定了厂商进行产品定价决策时的战略互补程度。在价格制定者之间考虑如下简单博弈：如果其他产品的要价上升提高了对自己产品的最优要价，那么定价决策就是战略互补性的；如果其他产品要价的上升使降低自己产品的要价是最优的，那么定价决策就是战略替代性的。

战略互补性的程度决定了一部分具有粘性价格产品的供给者对总体价格的调整是否施加了其应该施加的全部影响。如果价格是战略互补的，当名义支出出现扰动时，一部分价格并不作出调整，这就使弹性价格供给者所调整的价格比它们应该调整的要少。如果战略互补性足够强，那么总体价格几乎就不会做出调整，即使弹性价格供给者所占比例很大（但小于1）。另外，即使当很多价格存在粘性时，如果价格是战略替代性的，那么总体价格水平会与未预料到的名义支出几乎成比例地调整。因为在这种情况下，一些价格如果没有调整会促使弹性价格产品供给者比在弹性价格均衡中更大幅度地调整产品的价格。当战略替代程度较高时，这可以导致总价格指数几乎与名义支出变动成比例地调整。

7.4.1.1 中间投入品效应（$\delta>0$，$\varphi=0$，货币政策外生）

令 $\varphi=0$ 消除劳动力市场的分割效应，并假设货币政策均外生，则部门价格方程为式（7.77）。

$$p_{k,t} = \xi_1 p_{k,t-1} + \frac{(1-\alpha_k\beta)}{\alpha_k(1-\alpha_k)^{-1}} \frac{1}{\xi_2} \sum_{s=0}^{\infty} \left(\frac{1}{\xi_2}\right)^s$$

$$E_t\left[(1-\delta)(m_{t+s}+p_{t+s}+r_{t+s}\beta/(1-\beta))-(a_{t+s}+a_{k,t+s})+\delta p_{t+s}\right] \qquad (7.77)$$

在式（7.77）里的"方括号"中，$(1-\delta)(m_{t+s}+p_{t+s}+r_{t+s}\beta/(1-\beta))$ 和 $-(a_{t+s}+a_{k,t+s})$ 为外生冲击，可以看作是外生冲击对部门价格的直接影响；δp_{t+s} 包含了总体价格水平。从某种程度上来说，总体冲击和部门冲击对总体价格水平的影响是不同的，而两者对部门价格水平的影响程度应该是相同的，但是总体价格水平又是部门价格水平的加权和。因此，产生不

同价格响应的传导机制与一般均衡时的价格动态过程有关。

相对于总体冲击，部门冲击对总体价格水平影响较小。为了便于解释，这里设定部门冲击对总体价格水平影响效应为 0。因此，部门冲击下的部门价格响应速度可由部门冲击的动态过程描述。

相比之下，总体冲击可以影响到总体价格水平，进而影响到总体价格的响应速度。式（7.77）中的 $E_t[\delta p_{t+s}]$ 体现了由于中间产品而导致的定价战略互补性，即由于价格存在粘性，厂商不能根据各冲击及时调整其价格。意味着，相对于部门冲击，总体冲击下的部门价格响应速度更慢一些。

7.4.1.2 劳动力市场分割效应（$\delta=0$，$\varphi>0$，货币政策外生）

假设货币政策外生给定，并暂不考虑中间品投入（$\delta=0$）效应，则部门价格方程为式（7.78）。

$$p_{k,t} = \xi_1 p_{k,t-1} + \frac{(1-\alpha_k\beta)}{\alpha_k(1-\alpha_k)^{-1}} \frac{1}{\xi_2} \sum_{s=0}^{\infty} \left(\frac{1}{\xi_2}\right)^s E_t\big[(1+\varphi)(m_{t+s}+p_{t+s}+r_{t+s}\beta/(1-\beta))-$$
$$(1+\varphi)(a_{t+s}+a_{k,t+s})+\varphi d_{k,t+s}+\varphi(\eta-1)p_{t+s}\big] \tag{7.78}$$

在式（7.78）中，"方括号"里的 $(1+\varphi)(m_{t+s}+p_{t+s}+r_{t+s}\beta/(1-\beta))$ 和 $-(1+\varphi)(a_{t+s}+a_{k,t+s})+\varphi d_{k,t+s}$ 为外生冲击，$\varphi(\eta-1)p_{t+s}$ 包含了总体价格水平。与上节分析相同，总体价格的响应速度只受总体冲击的影响。

相对于部门冲击，总体冲击下部门价格响应速度的快慢取决于总体价格的系数符号，而该系数的符号取决于厂商定价策略是战略互补还是战略替代，若定价策略为互补型，则系数 $\varphi(\eta-1)$ 为正；若定价策略为替代型，则系数为负。

在总体价格系数 $\varphi(\eta-1)$ 中，$-\varphi$ 项表示模型具有统一的劳动力市场，使得定价策略倾向于部门间战略替代型。$\varphi\eta$ 项越大，意味着劳动力市场分割越严重，使得定价策略倾向于部门间战略互补型。总体冲击对部门价格的影响程度越高，则劳动力供给的 Frisch 弹性 $1/\varphi$ 越小，部门间的替代弹性 η 越大。

7.4.2 货币内生条件下的价格粘性传导机制

即使在定价战略中性的假设下，总体冲击与部门冲击对部门价格的影响程度也不相同。为了区分数量型调控模式与价格型调控模式对部门价格粘性的影响，我们同样假设劳动力市场统一（$\varphi=0$）和无中间投入品（$\delta=0$）。

7.4.2.1 数量型货币政策

中央银行采用数量型调控模式，则货币供应量被假定为中央银行能够调控的外生变量，而利率为内生变量，货币供应量通过效用函数影响产出和通胀。为了分析简便，假设平滑系数 $\lambda_M=0$，则麦克勒姆规则简化为式（7.79）。

$$g_t = -(\phi_{M,\pi}E_t\pi_{t+1}+\phi_{M,C}c_t)+\mu_{M,t} \tag{7.79}$$

将货币供给方程与货币需求方程代入方程式（7.79）中，可得到部门价格方程为式（7.80）。

$$p_{k,t} = \xi_1 p_{k,t-1} + \frac{(1-\alpha_k\beta)}{\alpha_k(1-\alpha_k)^{-1}}\frac{1}{\xi_2}\sum_{s=0}^{\infty}\left(\frac{1}{\xi_2}\right)^s E_t\left[\frac{1}{1+\phi_{M,C}}\sum_{i=0}^{\infty}\left(\frac{1}{1+\phi_{M,C}}\right)^i\right.$$
$$(\phi_{M,C}p_{t+s-i}-\phi_{M,\pi}\pi_{t+s-i+1}-\phi_{M,C}r_{t+s-i}\beta/(1-\beta)+\mu_{M,t+s-i})+$$
$$\left.r_{t+s}\beta/(1-\beta)-(a_{t+s}+a_{k,t+s})\right] \tag{7.80}$$

在式（7.80）中，$\phi_{M,C}p_{t+s-i}-\phi_{M,\pi}\pi_{t+s-i+1}$ 包含总体价格水平以及总体通货膨胀，$-\phi_{M,C}r_{t+s-i}\beta/(1-\beta)+\mu_{M,t+s-i}$ 与 $r_{t+s}\beta/(1-\beta)-(a_{t+s}+a_{k,t+s})$ 为外生冲击。货币供应量上升，导致货币供给大于货币需求，因而物价上涨；部门价格调整速度比预期的要快，这是由于一些供给者不能改变其价格，流动性过剩造成总价格水平上涨，使改变价格的供给者被过度调整。这就是说，部门价格水平在数量型货币政策冲击下的响应速度较快。

7.4.2.2 价格型货币政策

采用价格型调控模式，则假设利率为外生的，而货币供应量由货币需求函数内生。由于 MIU 假设，货币政策传导过程为，中央银行改变利率，进而影响货币供应量，货币供应量通过效用函数最终影响产出和通胀。为了分析简便，假设平滑系数 $\lambda_R=0$，则泰勒规则简化为式（7.81）。

$$r_t = \phi_{R,\pi}E_t\pi_{t+1}+\phi_{R,C}c_t+\mu_{R,t} \tag{7.81}$$

则部门价格方程式为（7.82）。

$$p_{k,t} = \xi_1 p_{k,t-1} + \frac{(1-\alpha_k\beta)}{\alpha_k(1-\alpha_k)^{-1}}\frac{1}{\xi_2}\sum_{s=0}^{\infty}\left(\frac{1}{\xi_2}\right)^s E_t\left[\frac{\beta}{1-\beta-\phi_{R,C}\beta}(\phi_{R,\pi}\pi_{t+s+1}-\right.$$

$$\phi_{R,C}p_{t+s}+\phi_{R,C}(m_t+p_t)+\mu_{R,t+s})+(m_{t+s}+p_{t+s})-(a_{t+s}+a_{k,t+s}) \Big] \quad (7.82)$$

在式（7.82）中，$\phi_{R,\pi}\pi_{t+s+1}-\phi_{R,C}p_{t+s}$ 包含总体价格水平以及总体通货膨胀，$\phi_{R,C}(m_t+p_t)+\mu_{R,t+s}$ 和 $(m_{t+s}+p_{t+s})-(a_{t+s}+a_{k,t+s})$ 为外生冲击，其中，$\dfrac{\beta}{1-\beta-\phi_{R,C}\beta}<0$。利率上升，降低消费和投资，因而降低总需求，进而导致物价下降，但价格的调整速度比预期的更慢。这是因为货币政策冲击出现以后，并不是所有的供给者都能根据其边际成本的变化更新价格，由于不同供给者定价决策之间存在战略互补性，所以单个供给者会较少地调整自己的价格。也就是说，部门价格在价格型货币政策冲击下响应较慢，价格呈粘性。

7.5　本章小结

本章应用 FAVAR 模型和 DSGE 模型研究了在总体冲击与部门冲击下部门价格的粘性，并比较了部门价格在数量型调控模式与价格型调控模式下的响应速度。主要结论如下：

第一，在总体冲击和货币冲击下，部门价格均表现粘性；在部门特质冲击下，部门价格表现弹性。在数量型货币政策冲击下，部门价格表现出相对弹性；在价格型货币政策冲击下，部门价格表现出相对粘性。在数量型调控模式下，部门价格粘性的差异性较大；在价格型调控模式下，部门价格粘性的差异性较小。

第二，除了部门价格调整概率与各外生冲击之外，中间投入品效应与劳动力市场分割效应引起厂商定价的战略互补性，这是造成总体冲击下价格表现粘性、特质冲击下部门价格表现弹性的主要原因；数量型货币政策冲击下的价格弹性与价格型货币政策冲击下的价格粘性是由于货币内生与MIU 假设使货币供应量可以不通过利率而直接影响价格；相比之下，利率冲击不会直接影响价格，只是通过利率影响货币需求，进而影响价格。

第❽章
结论与展望

8.1 结论与建议

8.1.1 结论

目前，中国经济发展正处在关键的转型时期，经济发展已经从快速增长阶段进入提质增效阶段，使市场在资源配置中起决定性作用是这次经济转型的重点，而维持经济稳定发展是经济能否顺利转型的前提条件。经济稳定发展主要体现在价格稳定上，这个稳定不仅指总体价格稳定，还包括供求平衡下的相对价格稳定。

由于我国采取的是温和的渐进式转型，经济体系由均衡向非均衡再回到均衡，这是一个动态过程。这种动态性导致了双重体制存在的长期性、经济运行规则存在双轨制的普遍性。这种双轨制的矛盾和摩擦是导致资源配置结构性扭曲的重要根源，具体表现为价格体系扭曲、产生制度性通货膨胀。对转型期价格问题的研究，目的在于寻求更有效的治理价格扭曲、维持价格稳定的方法和途径。目前国际上主流经济理论，如"新共识"宏观经济理论以及新威克塞尔货币理论，可以为我国解决转型期的通货膨胀问题提供理论借鉴。

本书从通货膨胀总量和通胀分类指数这两个方面研究我国转型时期通货膨胀动态。结论如下：

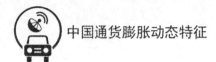

第一，如表8.1所示，首先用隐藏信息的时变马尔可夫转换模型考察我国通货膨胀波动路径是否存在马尔可夫区制转移发现，MSLI 模型比 MS 模型能更好地预测我国通货膨胀率转折的发生时点，通货膨胀率中的隐藏信息能为中国通货膨胀周期的识别与预测提供信息，隐藏信息可能与当时政府采取的宏观调控政策相关。其次采用 MCMS 模型考察货币供给冲击对通货膨胀的影响，研究发现，通货膨胀率的区制转移与货币供给增长率相关：当货币供给增长率处于高扰动区制时，通货膨胀率更有可能处于高扰动区制；当货币供给增长率处于低扰动区制时，通货膨胀率处于高扰动区制的可能性较小。最后用 MS-SVAR 模型族考察影响我国通胀区制转移的因素发现，我国货币政策规则的变动经常不是熨平通货膨胀波动，而是极大程度地推高通货膨胀波动。由此看来，维持稳健型货币政策的稳定性，对保持通货膨胀预期乃至物价稳定具有极其重要的意义。

表8.1　通胀总体动态与主要来源

通胀现象	通货膨胀发生结构性转变	通货膨胀惯性
主要来源	通胀中的隐藏信息 货币供给增长率的转变 货币政策规则的转变	货币供给惯性

第二，利用偏离—份额时间序列模型，分析了我国 2001 年以来通货膨胀分类指数波动来源及其动态变化，东、中、西部通货膨胀差异明显，与其波动来源的相对重要性的差异不无关联（见表8.2）。总体上，东部通货膨胀来源主要是行业偏离效应，共同效应是在解释中、西部通货膨胀变化时的最重要因素。在食品类中，东、中、西部主要影响因素是共同效应。在这三个地区，居住类的波动来源是行业偏离效应。服务行业当中的医疗类通货膨胀，在东、中、西部的波动来源均为行业偏离效应；娱乐、教育、文化类的东、中部影响因素主要为行业偏离效应，而西部为定价力效应。价格下降的衣着类与交通通信类这两个行业的主要通货膨胀来源是行业偏离效应和定价力效应。

表 8.2　通货膨胀 CPI 分类指数波动源分解

	东部	中部	西部
食品	↗共同效应	↗共同效应	↗共同效应
烟酒	↗行业偏离效应	↗行业偏离效应	↗行业偏离效应
衣着	↘行业偏离效应	↘定价力效应	↘定价力效应
家庭设备	↗共同效应	↘共同效应	↘共同效应
医疗	↗行业偏离效应	↗行业偏离效应	↗行业偏离效应
交通通信	↘行业偏离效应	↘行业偏离效应	↘行业偏离效应
娱教文化	→行业偏离效应	↗行业偏离效应	↗定价力效应
居住	↗行业偏离效应	↗行业偏离效应	↗行业偏离效应
加权平均	↗行业偏离效应	↗共同效应	↗共同效应

注："→"、"↘"、"↗"分别表示该区域部门价格在模型检验的时间跨度内是基本持平、下降、上升。

第三，影响中国通货膨胀惯性的因素有许多，而从货币供应角度考虑还比较少。本书研究结果表明（见表 8.1），我国通货膨胀惯性程度主要依赖于货币供给过程的持续性，货币供给不确定性对通胀惯性的形成有一定影响，生产率惯性对通胀惯性影响程度有限，但到目前为止的货币政策系统性变化对通胀惯性几乎没有影响。

第四，如表 8.3 所示，在总体冲击和货币冲击下，部门价格均表现粘性；在部门特质冲击下，部门价格表现弹性。在数量型货币政策冲击下，部门价格表现相对弹性；在价格型货币政策冲击下，部门价格表现相对粘性。在数量型调控模式下，部门价格粘性的差异性较大；在价格型调控模式下，部门价格粘性的差异性较小。除了部门价格调整概率与各外生冲击之外，部门供求关系和市场分割程度是造成总体冲击下价格粘性、特质冲击下部门价格弹性的主要原因；数量型货币政策冲击下的价格弹性与价格型货币政策冲击下的价格粘性，是由于货币内生与 MIU 假设使得货币供应量可以直接影响价格；相比之下，利率冲击不能直接影响价格，必须通过利率影响货币需求，进而间接影响价格。

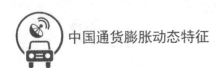

表 8.3　部门价格粘性

	特质冲击	共同冲击	数量型货币政策	价格型货币政策
部门价格响应速度均值	快	慢	快	慢
部门价格响应速度异质性	大	小	大	小
原因	中间投入品、市场分割		货币内生、MIU 假设	

8.1.2　政策建议

第一，我国货币政策应该逐步从数量型调控模式过渡到价格型调控模式。西方发达经济体由于货币传导机制完善，所以一般只采用一种货币工具，或者是数量型货币工具，或者是价格型货币工具。我国在经济转型时期采取的是"先外币、后本币；先贷款、后存款；先长期大额、后短期小额"的渐进式利率市场化改革思路，再加上我国货币传导机制并不完善，往往要同时采取两种货币工具。数量型调控模式对经济生活的影响虽然十分直接、有力，但会带来更多的不确定性，其有效性常常差强人意，因而单一的数量型货币调控政策很难解决结构性问题。相比之下，价格型调控模式虽然力度较小且速度较慢，但是随着货币需求不确定性的增加（胡志鹏，2012），我国货币政策应该逐步从数量型调控模式过渡到价格型调控模式。研究显示，价格型货币工具的调控绩效优于数量型货币政策，利率工具能更有效控制通货膨胀和实际产出波动，维护宏观经济稳定（金中夏、洪浩和李宏瑾，2013）。

因此，在经济转型期，中央银行应该根据经济运行情况，综合运用多种货币政策工具。姚余栋和谭海鸣（2013）认为，在数量型货币政策转向价格型货币政策的过渡期，央行票据利率可以综合代表我国的数量型和价格型货币政策，以其为指标的货币政策可以发挥重要作用。

第二，调整货币政策惯性是管理中国通货膨胀惯性的关键。货币供给不确定性虽然可以使通胀惯性有下降的趋势，但却会加剧经济主体对未来预期的不确定性，从而遏制我国宏观经济的平稳持续增长，因此在实际政策实施过程中，应该尽量着力于信誉的建立，这包括提高政策制定和实施的信誉度，尽量避免政策频繁调整，让公众对货币政策操作的频率和方向

有比较清晰的认识，从而较好地实现引导公众预期的目的。

第三，稳步推进利率市场化进程。在中国，由于客观条件的限制，利率还未能像货币总量一样发挥更好的调控作用，另外，由于近年来金融创新加快，货币数量政策在控制通货膨胀方面的准确度也受到影响，这显然对中国加快利率市场化、向价格型调控为主的宏观政策转型提出了新的要求。央行应该稳步推进利率市场化进程，应该明确改革方向，逐步推进存款利率市场化，同时积极引导金融机构在利率市场化中实现风险可控的差异化转型道路，最后还应该积极推进与利率市场化相关的金融配套改革。

第四，尽量维护货币政策规则的稳定性，确定通货膨胀目标制。货币政策规则意味着对某种目标（如通胀率等）做出事先承诺；而相机抉择的货币政策是指，中央银行根据当时的经济形势灵活调整货币政策，试图实现每一个时点上的决策最优。通货膨胀目标制既具备简单工具"规则"的可信度和透明度，又具备"相机抉择"的灵活性，作为"货币政策操作的新范式"，中央银行应该尝试在中国经济实践中推广，从而使政策行为变得可预测，同时使中央银行为其政策效果负责。

第五，总量调控不足以"包打天下"，在经济转型期的中国市场经济中更是如此。总量调控首先要讨论货币政策。实践证明，"通货膨胀不管何时何地都是一种货币现象"这一弗里德曼式的"经典表述"，往往会产生明显的片面性，易使人们简单地把物价上涨完全等同于货币过多、通货膨胀，进而在对策上又把抽紧银根作为解决问题的不二法宝、完全手段；与之相对应，在经济面临通缩压力的阶段，则只考虑放松银根。政府如果能够有针对性地较快增加有效供给，则有可能产生缓解物价上涨势头的调控效果，而无须全面实行"一刀切"的银根紧缩来求得对物价的控制。

第六，加强和改善应对通胀的供给管理。有必要在继续加强需求管理的同时，更加重视应对通胀的供给管理。基于上述分析，现阶段我国应当着力采取短期需求管理与长期供给管理相结合的通胀治理政策。一方面，要通过包括货币政策工具在内的需求管理政策实现治理通货膨胀的短期目标，抑制价格过快上涨；另一方面，要充分认识到我国已经进入了长期性价格上涨压力凸显的发展阶段，必须转变思路，立足长远目标，加强和改善供给管理，充分化解劳动力、土地、资源、环境等多方面成本上升带来

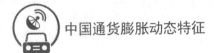

的通胀压力。同时，要适当提高对通货膨胀的容忍度，建立对低收入群体进行补贴的长效机制，充分利用价格上涨的倒逼机制，促进经济结构调整，加快经济发展方式转变。

8.2 研究展望

8.2.1 本书待改进之处

本书在写作过程中面临的困难与待改进之处如下：

第一，转型经济学作为一门新兴的经济学分支，相关的文献还不多见，本书研究的背景就是处于经济转型时期的中国。由于笔者学术水平有限，对中国转型期的经济、货币环境及其特点的认识难免缺乏深度。

第二，关于通胀惯性的研究，还存在以下一些局限：①将拟合的数据与原始数据的惯性值相比较，还是有一定的差距。真实通胀惯性的初始值较大，但是其衰减率也较大；而拟合的通胀惯性的初始值较小，但衰减率相对较小。②本书仅仅研究了灵活定价的情况，实际上价格粘性的假设更符合经验现实。Fuhrer（2006）、Gali 和 Gertler（1999）、Woodford（2003）均认为引入交错价格调整机制可以增加通胀的惯性，比如 Calvo（1983）的交错定价模型可以得到"新凯恩斯菲利普斯曲线"总供给关系，并且已经被证明可以用来解释通货膨胀动态的一些特征。因此，在这个领域可做更深入的研究。

第三，本书涉及的数据既包括分类价格，又包括地区价格，由于某些数据缺失或者时间跨度较短，有可能会对本书研究结果的可靠性与科学性产生一定影响。

8.2.2 展望

目前已有文献对货币政策存在惯性已经达成共识，但是对货币政策惯性的产生原因却未达成一致。一种观点认为，货币政策惯性是由于中央银行反应太慢以致不能对新信息做出及时响应。货币政策惯性的这种特质被

认为会影响货币政策的有效性，尤其是在稳定短期通胀波动或者其他目标变量时。另一种观点认为，货币政策惯性是为了避免剧烈的经济波动，从而达到平滑经济的目的，中央银行根据经济状况的变化，缓慢调节货币政策而形成的。从这个意义上说，除了稳定物价，货币政策变动最小化也是央行追求的目标。认为合理的央行政策惯性能够有效地保障经济稳定，且在最优化的个人模型中，该货币政策惯性可以实现最优化。这意味着，在以后的研究中，找到货币政策惯性的最优点，即既要尽量保持一定的货币政策惯性，从而实现货币政策平滑，保障经济秩序的稳定，又要尽量控制货币政策惯性，从而达到控制通货膨胀惯性的目的，将是未来研究的重要方向。

在中国，由于受客观条件的限制，利率还未能像货币总量一样发挥更好的调控作用。但是，随着金融创新加快，货币数量政策在控制通货膨胀方面的准确度可能会受到影响，这显然对中国加快利率市场化、向价格型调控为主的宏观政策转型提出了新的要求。因此，加快存款利率市场化研究是未来进一步研究的重要方向之一。

生产者价格指数和消费者价格指数一样，均是表征通货膨胀的重要指数。生产者价格指数有 41 大类，几乎涉及所有的工业生产行业。理论上来说，生产过程中所面临的物价波动将反映至最终产品的价格上，观察 PPI 的变动情形将有助于预测未来物价的变化状况。由于受到数据可获得性的限制，本书只采用了消费者价格指数和 GDP 平减指数作为研究对象，如果要得到更全面的结论，将 PPI 数据引入 DSGE 模型将是未来进一步研究的方向。

附　录

附录 A

为了分析简便，只考虑文中方程（5.9）、方程（5.10）和方程（5.11）。将方程（5.9）、方程（5.10）结合，构成：

$$\hat{\pi}_t = \rho_u \hat{\pi}_{t-1} + \phi z_{t-1} + \varphi_t - (\hat{m}_t - \hat{m}_{t-1}) + \rho_u (\hat{m}_{t-1} - \hat{m}_{t-2})$$

其中，$-(\hat{m}_t - \hat{m}_{t-1}) + \rho_u (\hat{m}_{t-1} - \hat{m}_{t-2})$ 近似于零，可忽略不计。

则通货膨胀过程可表达为：

$$\hat{\pi}_t = \rho_u \hat{\pi}_{t-1} + \phi z_{t-1} + \varphi_t$$

$$z_t = \rho_z z_{t-1} + e_t$$

$$\mathrm{Var}(\varphi_t, e_t) = \sum \equiv \begin{bmatrix} \sigma_u^2 & 0 \\ 0 & \sigma_z^2 \end{bmatrix}$$

其向量形式为：

$$x_t = \begin{bmatrix} \hat{\pi}_t \\ z_t \end{bmatrix} = A \begin{bmatrix} \hat{\pi}_{t-1} \\ z_{t-1} \end{bmatrix} + \begin{bmatrix} \varphi_t \\ e_t \end{bmatrix}, \quad \text{这里 } A = \begin{bmatrix} \rho_u & \phi \\ 0 & \rho_z \end{bmatrix}$$

可得向量的协方差矩阵：

$$V = \mathrm{Var} \begin{bmatrix} \hat{\pi}_t \\ z_t \end{bmatrix} = \begin{bmatrix} \left[\dfrac{(1+\rho_u\rho_z)\phi^2}{(1-\rho_z^2)(1-\rho_u\rho_z)}\sigma_z^2 + \sigma_u^2 \right] / (1-\rho_u^2) & \dfrac{\phi\rho_z}{(1-\rho_z^2)(1-\rho_u\rho_z)}\sigma_z^2 \\ \dfrac{\phi\rho_z}{(1-\rho_z^2)(1-\rho_u\rho_z)}\sigma_z^2 & \dfrac{\sigma_z^2}{1-\rho_z^2} \end{bmatrix}$$

根据 Fuhrer（2006）的方法，通过递归方程，可得向量 x 的自协方差矩阵 C_i 与自相关函数 Γ_i 分别为：

$$C_i = AC_{i-1}; \quad \Gamma_i(j, k) = \frac{C_j(j, k)}{\sqrt{V(j)V(k)}}$$

其中，$C_0 = V$。

通过计算可得到通货膨胀的相关系数 Γ_i：

$$\Gamma_i = \rho_u^i + \left(\frac{\rho_u^i - \rho_z^i}{\rho_u - \rho_z}\right)\frac{\phi Cov(\hat{\pi}_t, z_t)}{Var(\hat{\pi}_t)}$$

其中，自相关系数的初始值为：

$$\Gamma_1 = \rho_u + \frac{\phi Cov(\hat{\pi}_t, z_t)}{Var(\hat{\pi}_t)} = \rho_u + \frac{\rho_z(1-\rho_u^2)\phi^2}{(1+\rho_u\rho_z)\phi^2 + (1-\rho_z^2)(1-\rho_u\rho_z)\dfrac{\sigma_u^2}{\sigma_z^2}}$$

附录 B

一、消费者

（一）效用最大化

$$\max E_0\left[\sum_{t=0}^{\infty}\beta^t\left(\log C_t+\omega\log\left(\frac{M_t}{P_t}\right)-\sum_{k=1}^{K}\omega_k\frac{(H_{k,t})^{1+\varphi}}{1+\varphi}\right)\right]$$

s. t. $P_tC_t+M_t+E_t\left[Q_{t,t+1}B_{t+1}\right]=M_{t-1}+B_t+\sum_{k=1}^{K}W_{k,t}H_{k,t}+\sum_{k=1}^{K}\int_{\Omega_k}\pi_{k,t}(i)di$

构造拉格朗日函数：

$$L=\max E_0\sum_{t=0}^{\infty}\beta^t\left\{\log C_t+\omega\log(\frac{M_t}{P_t})-\sum_{k=1}^{k}\omega_k\frac{(H_{Kt})^{1+\varphi}}{1+\varphi}-\lambda_t\left[C_t+\frac{M_t}{P_t}+\right.\right.$$

$$\left.\left.\frac{E_t(Q_{t,t+1}B_{t+1})}{P_t}-\frac{M_{t-1}}{P_t}-\frac{B_t}{P_t}-\frac{\sum_{k=1}^{K}W_{k,t}H_{k,t}}{P_t}-\frac{\sum_{k=1}^{K}\int_{\Omega_k}\pi_{k,t}(i)d_i}{P_t}\right]\right\}$$

Focs：

$$\frac{\partial L}{\partial C_t}=\frac{1}{C_t}-\lambda_t=0\Rightarrow\lambda_t=\frac{1}{C_t}\tag{B.1}$$

$$\frac{\partial L}{\partial\left(\frac{M_t}{P_t}\right)}=\omega\left(\frac{M_t}{P_t}\right)^{-1}-\lambda_t+\beta E_t\left[\lambda_{t+1}\frac{P_t}{P_{t+1}}\right]=0\tag{B.2}$$

$$\frac{\partial L}{\partial H_{k,t}}=-\omega_k H_{k,t}^{\varphi}+\lambda_t\frac{W_{k,t}}{P_t}=0\tag{B.3}$$

$$\frac{\partial L}{\partial B_{t+1}}=-\lambda_t\frac{E_t(Q_{t,t+1})}{P_t}+\beta E_t\left[\frac{\lambda_{t+1}}{P_{t+1}}\right]=0\tag{B.4}$$

把式（B.1）代入式（B.2）、式（B.3）、式（B.4），消去 λ_t 得：

$$\omega\left(\frac{M_t}{P_t}\right)^{-1}=\frac{1}{C_t}-\beta E_t\left(\frac{P_t}{P_{t+1}C_{t+1}}\right)\tag{B.5}$$

$$\omega_k H_{k.t}{}^\varphi = \frac{W_{k.t}}{P_t C_t} \qquad\qquad\text{(B.6)}$$

$$E_t Q_{t,\,t+1} = \beta E_t\left[\frac{P_t}{P_{t+1}}\frac{C_t}{C_{t+1}}\right] \qquad\qquad\text{(B.7)}$$

求稳态值：

由式（B.5）得：

$$\frac{\omega P}{M} = \frac{1-\beta}{C} = \omega/m$$

由式（B.6）得：

$$\omega_k(H_k)^\varphi = \frac{W_k}{PC}$$

由式（B.7）得：

$$Q = \beta$$

根据定义 $\dfrac{1}{1+r_t} = E_t\left[Q_{t,\,t+1}\right]$，求稳态得 $Q = \dfrac{1}{1+r} = \beta$。

对数线性化：

由式（B.5）得：

$$\omega\left(\frac{M}{P}\right)^{-1}\left[1-m_t\right] - \frac{1}{C}(1-c_t) + \beta\frac{P}{PC}\left[1 + p_t - p_{t+1} - E_t c_{t+1}\right] = 0$$

$$(1-\beta)\frac{1}{C}(-m_t) - \frac{1}{C}(-c_t) + \frac{\beta}{C}\left[p_t - E_t p_{t+1} - E_t c_{t+1}\right] = 0$$

$$\Rightarrow m_t = c_t - \frac{\beta}{1-\beta}r_t$$

由式（B.6）得：

$$w_{k,\,t} - p_t = \varphi h_{k,\,t} + c_t \qquad\qquad\text{(B.8)}$$

加总得：

$$w_t - p_t = \varphi h_t + c_t \qquad\qquad\text{(B.9)}$$

由式（B.7）得：

$$p_t - E_t p_{t+1} + c_t - E_t c_{t+1} + r_t = 0 \qquad\qquad\text{(B.10)}$$

（二）消费组合

定义消费组合 $\quad C_t = \left[\sum_{k=1}^{K}(n_k D_{k,\,t})^{\frac{1}{\eta}} C_{k,\,t}^{\frac{\eta-1}{\eta}}\right]^{\frac{\eta}{\eta-1}}$

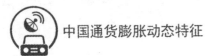

则 $P_t = \left[\sum_{k=1}^{k}(n_k D_{k,t})P_{k,t}^{1-\eta}\right]^{\frac{1}{1-\eta}}$

$$C_{k,t} = n_k D_{k,t}\left(\frac{P_{k,t}}{P_t}\right)^{-\eta}C_t$$

推导过程：$\min\sum_{k=1}^{k}P_{k,t}C_{k,t}$

$$\text{s.t.}\quad C_t = \left[\sum_{k=1}^{k}(n_k D_{k,t})^{\frac{1}{\eta}}C_{k,t}^{\frac{\eta-1}{\eta}}\right]^{\frac{\eta}{\eta-1}} \tag{B.11}$$

构造拉格朗日函数：

$$L = \sum_{k=1}^{K}P_{k,t}C_{k,t} - \xi_t\left[\left(\sum_{k=1}^{K}(n_k D_{k,t})^{\frac{1}{\eta}}C_{k,t}^{\frac{\eta-1}{\eta}}\right)^{\frac{\eta}{\eta-1}} - C_t\right]$$

$$\text{Foc}:\frac{\partial L}{\partial C_{k,t}} = P_{k,t} - \xi_t\left(\frac{\eta}{\eta-1}\right)\left[\sum_{k=1}^{k}(n_k D_{k,t})^{\frac{1}{\eta}}C_{k,t}^{\frac{\eta-1}{\eta}}\right]^{\frac{1}{\eta-1}}(n_k D_{k,t})^{\frac{1}{\eta}}\left(\frac{\eta-1}{\eta}\right)C_{k,t}^{\frac{-1}{\eta}} = 0$$

$$\Rightarrow P_{k,t} = \xi_t C_t^{\frac{1}{\eta}}(n_k D_{k,t})^{\frac{1}{\eta}}C_{k,t}^{\frac{-1}{\eta}}$$

$$C_{k,t} = \left(\frac{\xi_t}{P_{k,t}}\right)^{\eta}n_k D_{k,t}C_t \tag{B.12}$$

将式（B.12）代入约束条件式（B.11）得：

$$C_t = \left\{\sum_{k=1}^{k}(n_k D_{k,t})^{\frac{1}{\eta}}\left[\left(\frac{\xi_t}{P_{k,t}}\right)^{\eta}n_k D_{k,t}C_t\right]^{\frac{\eta-1}{\eta}}\right\}^{\frac{\eta}{\eta-1}}$$

$$\Rightarrow\left\{\sum_{k=1}^{k}(n_k D_{k,t})\left(\frac{\xi_t}{P_{k,t}}\right)^{\eta-1}\right\}^{\frac{\eta}{\eta-1}} = 1$$

$$\Rightarrow\xi_t = \left\{\sum_{k=1}^{k}(n_k D_{k,t})P_{k,t}^{1-\eta}\right\}^{\frac{1}{1-\eta}} \equiv P_t \tag{B.13}$$

因此，拉格朗日乘子 ξ_t 就是经过恰当加总的消费价格指数：

从而：

$$C_{k,t} = \left(\frac{P_t}{P_{k,t}}\right)^{\eta}n_k D_{k,t}C_t \tag{B.14}$$

（三）部门 k 产品消费组合

定义：

$$C_{k,t} = \left[\left(\frac{1}{n_k}\right)^{\frac{1}{\theta}}\int_{\Omega_k}C_{k,t}(i)^{\frac{\theta-1}{\theta}}di\right]^{\frac{\theta}{\theta-1}} \tag{B.15}$$

则：

$$P_{k,t} = \left(\frac{1}{n_k}\int_{\Omega_k} P_{k,t}(i)^{1-\theta}di\right)^{\frac{1}{1-\theta}} \qquad (\text{B.16})$$

推导过程：

$$\min_{C_{k,t}(i)}\int_{\Omega_k} P_{k,t}(i)\,C_{k,t}(i)\,di$$

$$\text{s. t.} \quad \left[\left(\frac{1}{n_k}\right)^{\frac{1}{\theta}}\int_{\Omega_k} C_{k,t}(i)^{\frac{\theta-1}{\theta}}di\right]^{\frac{\theta}{\theta-1}} \geqslant C_{k,t} \qquad (\text{B.17})$$

构造拉格朗日函数：

$$\text{Foc：} \frac{\partial L}{\partial C_{k,t}(i)} = P_{k,t}(i) - \xi_t\,\frac{\theta}{\theta-1}\left\{\left(\frac{1}{n_k}\right)^{\frac{1}{\theta}}\int_{\Omega_k} C_{k,t}(i)^{\frac{\theta-1}{\theta}}di]^{\frac{\theta}{\theta-1}}\right\}^{\frac{1}{\theta-1}}\left(\frac{1}{n_k}\right)^{\frac{1}{\theta}}$$

$$\frac{\theta-1}{\theta}C_{k,t}(i)^{-\frac{1}{\theta}} = 0$$

$$\Rightarrow P_{k,t}(i) = \xi_t C_{k,t}^{\frac{1}{\theta}}\left(\frac{1}{n_k}\right)^{\frac{1}{\theta}} C_{k,t}(i)^{-\frac{1}{\theta}} \qquad (\text{B.18})$$

$$\Rightarrow C_{k,t}(i) = \left(\frac{\xi_t}{P_{k,t}(i)}\right)^{\theta}\frac{1}{n_k}C_{k,t} \qquad (\text{B.19})$$

将式（B.19）代入约束条件式（B.17）得：

$$\xi_t = \left(\frac{1}{n_k}\int_{\Omega_k} P_{k,t}(i)^{1-\theta}di\right)^{\frac{1}{1-\theta}} \equiv P_{k,t} \qquad (\text{B.20})$$

$$C_{k,t}(i) = \frac{1}{n_k}\left(\frac{P_{k,t}(i)}{P_{k,t}}\right)^{-\theta}C_{k,t} \qquad (\text{B.21})$$

二、厂商

（一）成本最小化

$$Y_{k,t}(i) = A_t A_{k,t} H_{k,t}(i)^{1-\delta} Z_{k,t}(i)^{\delta} \qquad (\text{B.22})$$

定义中间投入品：

$$Z_{k,t}(i) = \left[\sum_{k=1}^{k}(n_{k'}D_{k',t})^{1-\eta}Z_{k,k',t}(i)^{\frac{\eta-1}{\eta}}\right]^{\frac{\eta}{\eta-1}} \qquad (\text{B.23})$$

$$Z_{k,k',t}(i) = \left[\left(\frac{1}{n_{k'}}\right)^{\frac{1}{\theta}}\int_{I_{k'}} Z_{k,k',t}(i,i')^{\frac{\theta-1}{\theta}}di'\right]^{\frac{\theta}{\theta-1}} \qquad (\text{B.24})$$

则生产成本最小化问题的一阶条件为：

$$Z_{k,t}(i) = \frac{\delta}{1-\delta} \frac{W_{k,t}}{P_t} H_{k,t}(i) \tag{B.25}$$

$$Z_{k,k',t}(i) = n_{k'} D_{k',t} \left(\frac{P_{k',t}}{P_t} \right)^{-\eta} Z_{k,t}(i) \tag{B.26}$$

$$Z_{k,k',t}(i,i') = \frac{1}{n_{k'}} \left[\frac{P_{k',t}(i')}{P_{k',t}} \right]^{-\theta} Z_{k,k',t}(i) \tag{B.27}$$

推导过程：

(1) $\min H_{k,t}(i) W_{k,t} + Z_{k,t}(i) P_t$

s.t. $Y_{k,t}(i) \leqslant A_t A_{k,t} H_{k,t}(i)^{1-\delta} Z_{k,t}(i)^{\delta} \tag{B.28}$

构造拉格朗日函数：

Focs：$L = H_{k,t}(i) W_{k,t} + Z_{k,t}(i) P_t - \xi_t [A_t A_{k,t} H_{k,t}(i)^{1-\delta} Z_{k,t}(i)^{\delta} - Y_{k,t}(i)]$

$$\frac{\partial L}{\partial H_{k,t}(i)} = W_{k,t} - \xi_t (1-\delta)(A_t A_{k,t} H_{k,t}(i)^{-\delta} Z_{k,t}(i)^{\delta}) = 0 \tag{B.29}$$

$$\frac{\partial L}{\partial Z_{k,t}(i)} = P_t - \xi_t \delta (A_t A_{k,t} H_{k,t}^{1-\delta} Z_{k,t}(i)^{\delta-1}) = 0 \tag{B.30}$$

由式（B.29）、式（B.30）得：

$$\frac{W_{k,t}}{P_t} = \frac{1-\delta}{\delta} \frac{Z_{k,t}(i)}{H_{k,t}(i)}$$

对数线性化后，得：

$$w_{k,t} - p_t = z_{k,t} - h_{k,t} \tag{B.31}$$

(2) $\min \sum Z_{k,k',t}(i) P_{k',t}$

s.t. $Z_{k,t}(i) \leqslant \left[\sum_{k=1}^{k} (n_{k'} D_{k',t})^{\frac{1}{\eta}} Z_{k,k',t}(i)^{\frac{\eta-1}{\eta}} \right]^{\frac{\eta}{\eta-1}} \tag{B.32}$

$$\Rightarrow Z_{k,k',t}(i) = n_{k'} D_{k',t} \left(\frac{P_{k',t}}{P_t} \right)^{-\eta} Z_{k,t}(i)$$

(3) $\min \int_{\Omega_{k'}} Z_{k,k',t}(i,i') P_{k',t}(i') di'$

s.t. $Z_{k,k',t}(i) \leqslant \left[\left(\frac{1}{n_{k'}} \right)^{\frac{1}{\theta}} \int_{\Omega_{k'}} Z_{k,k',t}(i,i')^{\frac{\theta-1}{\theta}} di \right]^{\frac{\theta}{\theta-1}} \tag{B.33}$

$$\Rightarrow Z_{k,k',t}(i,i') = \frac{1}{n_{k'}} \left(\frac{P_{k',t}(i')}{P_{k',t}} \right)^{-\theta} Z_{k,k',t}(i)$$

（二）部门菲利普斯曲线的推导

定义调整价格：

$$P_{k,t} = \left[\frac{1}{n_k} \int_{\Omega_k^*} P_{k,t}^{*\,1-\theta} di + \frac{1}{n_k} \int_{\Omega_K-\Omega_{k,t}^*} P_{k,t-1}(i)^{1-\theta} di \right]^{\frac{1}{1-\theta}}$$

$$= \left[(1-\alpha_k) P_{k,t}^{*\,1-\theta} + \alpha_k P_{k,t-1}^{1-\theta} \right]^{\frac{1}{1-\theta}} \quad \text{（B.34）}$$

调整价格的厂商 ik 追求利润最大化：

$$\max_{P_{k,t(i)}^*} E_t \sum_{S=0}^{\infty} \alpha_k^s Q_{t,t+s} \Pi_{k,t+s}(i) \quad \text{（B.35）}$$

$$\text{s.t.} \quad Y_{k,t+s}(i) = A_{t+s} A_{k,t+s} H_{k,t+s}(i)^{1-\delta} Z_{k,t+s}(i)^{\delta} \quad \text{（B.36）}$$

已知 $Q_{t,t+s} = \beta^s \left(\dfrac{C_t}{C_{t+1}} \right) \left(\dfrac{P_t}{P_{t+s}} \right)$

则：

$$\Pi_{k,t+s}(i) = P_{k,t}^*(i) Y_{k,t+s}(i) - W_{k,t+s} H_{k,t+s}(i) - P_{t+s} Z_{k,t+s}(i) \quad \text{（B.37）}$$

式（B.35）是价格 $P_{k,t}^*(i)$ 起作用的时期内企业利润贴现后的现值。

企业每期都有机会来选择价格，那么最大化式（B.35）便是最大化厂商的市场价值。

厂商在每期最大化利润时，正是处于最小化总成本中。在第 $t+s$ 期，厂商 ik 的实际成本最小化问题是：

$$\min \quad W_{k,t+s} H_{k,t+s}(i) + P_{t+S} Z_{k,t+s}(i)$$

$$\text{s.t.} \quad Y_{k,t+s}(i) = A_{t+s} A_{k,t+s} [H_{k,t+s}(i)]^{1-\delta} [Z_{k,t+s}(i)]^{\delta}$$

令 λ 为拉格朗日乘子：

$$\text{Focs：} W_{k,t+s} = \lambda(1-\delta) A_{t+s} A_{k,t+s} H_{k,t+s}(i)^{-\delta} Z_{k,t+s}(i)^{\delta} \quad \text{（B.38）}$$

$$P_{t+s} = \lambda \delta A_{t+s} A_{k,t+s} [H_{k,t+s}(i)]^{1-\delta} [Z_{k,t+s}(i)]^{\delta-1} \quad \text{（B.39）}$$

由式（B.38）和式（B.39）得：

$$\frac{W_{k,t+s}}{P_{t+s}} = \frac{1-\delta}{\delta} \frac{Z_{k,t+s}(i)}{H_{k,t+s}(i)}$$

$$\Rightarrow H_{k,t+s}(i) = \frac{1-\delta}{\delta} \left(\frac{P_{t+s}}{W_{k,t+s}} \right) Z_{k,t}(i) \quad \text{（B.40）}$$

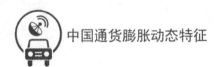

将式（B.40）代入生产函数，得：

$$Z_{k,\,t+s}(i) = A_{t+s}^{-1}A_{k,\,t+s}^{-1}\left[\frac{1-\delta}{\delta}\frac{P_{t+s}}{W_{k,\,t+s}}\right]^{\delta-1}Y_{k,\,t+s}(i) \qquad (B.41)$$

$$H_{k,\,t+s}(i) = A_{t+s}^{-1}A_{k,\,t+s}^{-1}\left[\frac{1-\delta}{\delta}\frac{P_{t+s}}{W_{k,\,t+s}}\right]^{\delta}Y_{k,\,t+s}(i) \qquad (B.42)$$

由式（B.41）和式（B.42）可得总成本表达式：

$$TC_{k,\,t+s} = P_{t+s}Z_{k.\,t+s}(i) + W_{k,\,t+s}H_{k,\,t+s}(i)$$

$$= P_{t+s}A_{t+s}^{-1}A_{k,\,t+s}^{-1}\frac{1}{1-\delta}\left(\frac{\delta}{1-\delta}\right)^{-\delta}\left(\frac{W_{k,\,t+s}}{P_{t+s}}\right)^{1-\delta}Y_{k,\,t+s}(i) \qquad (B.43)$$

可得边际成本表达式：

$$MC_{k,\,t+s} = P_{t+s}A_{t+s}^{-1}A_{k,\,t+s}^{-1}\frac{1}{1-\delta}\left(\frac{\delta}{1-\delta}\right)^{-\delta}\left(\frac{W_{k,\,t+s}}{P_{t+s}}\right)^{1-\delta} \qquad (B.44)$$

将式（B.44）代入原利润最大化问题当中，得：

$$\max_{P_{k,\,t}^{*}}E_t\sum_{s=0}^{\infty}\alpha_k^s Q_{k,\,t+s}(i)\left(P_{k,\,t}^{*}(i) - MC_{k,\,t+s}\right) \qquad (B.45)$$

已假设所有的产出均用于消费或作为中间投入品生产最终产品，又由于已假设消费组合的部门间替代弹性与中间投入品组合的部门替代弹性同为 η，消费品的部门内部产品之间的替代弹性与中间投入品的部门内部产品之间的替代弹性同为 θ，所以产品组合的部门间替代弹性为 η，部门内部产品之间的替代弹性为 θ。表达式如下：

$$Y_{k,\,t+s}(i) = \frac{1}{n_k}\left(\frac{P_{k,\,t(i)}^{*}}{P_{k,\,t+s}}\right)^{-\theta}Y_{k,\,t+s} \qquad (B.46)$$

$$Y_{k,\,t+s} = n_k D_{k,\,t+s}\left(\frac{P_{k,\,t+s}}{P_{t+s}}\right)^{-\eta}Y_{t+s} \qquad (B.47)$$

将式（B.46）和式（B.47）代入式（B.45）得：

$$\max_{P_{k,\,t}^{*}}E_t\sum_{s=0}^{\infty}\alpha_k^s Q_{t,\,t+s}\left(\frac{P_{k,\,t}^{*}(i)}{P_{k,\,t+s}}\right)^{-\theta}\left(\frac{P_{k,\,t+s}}{P_{t+s}}\right)^{-\eta}D_{k,\,t+s}Y_{t+s}\left(P_{k,\,t}^{*}(i) - MC_{k,\,t+s}\right)$$

一阶条件 Foc：

$$E_t\sum_{s=0}^{\infty}\alpha_k^s Q_{t,\,t+s}(-\theta)\left(\frac{P_{k,\,t}^{*}(i)}{P_{k,\,t+s}}\right)^{-\theta-1}\frac{1}{P_{k,\,t+s}}\left(\frac{P_{k,\,t+s}}{P_{t+s}}\right)^{-\eta}D_{k,\,t+s}Y_{t+s}\left[P_{k,\,t}^{*}(i) - MC_{k,\,t+s}\right]+$$

$$E_t \sum_{s=0}^{\infty} \alpha_k^s Q_{t,t+s} \left(\frac{P_{k,t}^*(i)}{P_{k,t+s}}\right)^{-\theta} \left(\frac{P_{k,t+s}}{P_{t+s}}\right)^{-\eta} D_{k,t+s} Y_{t+s} = 0$$

$$\Rightarrow E_t \sum_{s=0}^{\infty} \alpha_k^s Q_{t,t+s} \left(\frac{P_{k,t}^*}{P_{k,t+s}}\right)^{-\theta} \left(\frac{P_{k,t+s}}{P_{t+s}}\right)^{-\eta} Y_{t+s} \left[P_{k,t}^* - \frac{\theta}{\theta-1} MC_{k,t+s}\right] = 0 \quad (B.48)$$

将式（B.48）对数线性化，得：

$$E_t \sum_{s=0}^{\infty} \alpha_k^s \beta^s p_{k,t}^* = E_t \sum_{s=0}^{\infty} \alpha_k^s \beta^s mc_{k,t+s} \quad (B.49)$$

$$\Rightarrow p_{k,t}^* = (1-\alpha_k\beta) E_t \sum_{s=0}^{\infty} \alpha_k^s \beta^s mc_{k,t+s} \quad (B.50)$$

式（B.50）两边同乘 $(1-\alpha_k\beta L^{-1})$，得：

$$p_{k,t}^* - \alpha_k\beta E_t p_{k,t+1}^* = (1-\alpha_k\beta) E_t \sum_{s=0}^{\infty} \alpha_k^s \beta^s mc_{k,t+s} - (1-\alpha_k\beta) E_t$$

$$\sum_{s=0}^{\infty} \alpha_k^{s+1} \beta^{s+1} mc_{k,t+s+1}$$

$$\approx (1-\alpha_k\beta) mc_{k,t} \quad (B.51)$$

由于 $p_{k,t} = (1-\alpha) p_{k,t}^* + \alpha_k p_{k,t-1}$，定义 $\pi_t \equiv p_t - p_{t-1}$，代入式（B.51），得到部门菲利普斯曲线：

$$\pi_{k,t} = \beta E_t \pi_{k,t+1} + \frac{(1-\alpha_k)(1-\alpha_k\beta)}{\alpha_k} [mc_{k,t} - p_{k,t}] \quad (B.52)$$

根据式（B.8）$w_{k,t} - p_t = \phi h_{k,t} + c_t$ 和式（B.31）$w_{k,t} - p_t = z_{k,t} - h_{k,t}$，得：

$$z_{k,t} = (1+\phi) h_{k,t} + c_t \quad (B.53)$$

将生产函数 $Y_{k,t} = A_t A_{k,t} H_{k,t}^{1-\delta} Z_{k,t}^{\delta}$ 对数线性化，得：

$$y_{k,t} = a_t + a_{k,t} + (1-\delta) h_{k,t} + \delta z_{k,t} \quad (B.54)$$

将式（B.53）代入式（B.54），得：

$$y_{k,t} = a_t + a_{k,t} + (1-\delta) h_{k,t} + (\delta+\delta\varphi) h_{k,t} + \delta c_t$$

$$= a_t + a_{k,t} + (1+\delta\varphi) h_{k,t} + \delta c_t \quad (B.55)$$

$$\Rightarrow h_{k,t} = \frac{1}{1+\delta\varphi} y_{k,t} - \frac{\delta}{1+\delta\varphi} c_t - \frac{1}{1+\delta\varphi} a_{k,t} - \frac{1}{1+\delta\varphi} a_t \quad (B.56)$$

先将 $MC_{k,t}$ 的表达式（B.44）对数线性化，再把式（B.8）和式（B.56）代入其中，得 $mc_{k,t}$ 表达式如下：

$$mc_{k,t} = (1-\delta)(w_{k,t} - p_t) - a_{k,t} - a_t + p_t$$

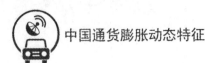

$$= (1-\delta)\left[\frac{\varphi}{1+\delta\varphi}y_{k,t} - \frac{\delta\varphi}{1+\delta\varphi}c_t - \frac{\varphi}{1+\delta\varphi}a_{k,t} - \frac{\varphi}{1+\delta\varphi}a_t + c_t\right] - a_{k,t} - a_t + p_t$$

$$= \frac{(1-\delta)\varphi}{1+\delta\varphi}y_{k,t} + \frac{(1-\delta)}{1+\delta\varphi}c_t - \frac{1+\varphi}{1+\delta\varphi}a_t - \frac{1+\varphi}{1+\delta\varphi}a_{k,t} + p_t \qquad (\text{B.}57)$$

将式（B.46）、式（B.47）、式（B.14）、式（B.19）、式（B.26）、式（B.27）对数线性化，得：

$$y_{k,t} - y_t = -\eta(p_{k,t} - p_t) + d_{k,t} \qquad (\text{B.}58)$$

$$y_{k,t}(i) - y_{k,t} = -\theta(p_{k,t}(i) - p_{k,t}) \qquad (\text{B.}59)$$

$$c_{k,t} - c_t = -\eta(p_{k,t} - p_t) + d_{k,t} \qquad (\text{B.}60)$$

$$c_{k,t}(i) - c_{k,t} = -\theta(p_{k,t}(i) - p_{k,t}) \qquad (\text{B.}61)$$

$$z_{k,k',t}(i) - z_{k,t}(i) = -\eta(p_{k',t} - p_t) + d_{k',t} \qquad (\text{B.}62)$$

$$z_{k,k',t}(i,i') - z_{k,k',t}(i) = -\theta(p_{k',t}(i) - p_{k',t}) \qquad (\text{B.}63)$$

将市场出清条件 $Y_{k,t}(i) = C_{k,t}(i) + \sum_{k'=1}^{K}\int_{\Omega_{k'}}Z_{k',k,t}(i',i)di'$ 对数线性化，得：

$$y_t = \frac{C}{Y}c_t + \frac{Z}{Y}z_t \qquad (\text{B.}64)$$

已解出稳态值 $\dfrac{C}{Y} = 1 - \delta\dfrac{\theta}{\theta-1}$，$\dfrac{Z}{Y} = \delta\dfrac{\theta}{\theta-1}$，所以有：

$$y_t = (1-\psi)c_t + \psi z_t，\text{ 其中 } \psi = \delta\left(\frac{\theta-1}{\theta}\right)，z_t \equiv \sum_k\int_{\Omega_k}z_{k,t}(i)di \qquad (\text{B.}65)$$

由式（B.58）和式（B.60）得：

$$y_{k,t} = c_{k,t} - \psi c_t + \psi z_t \qquad (\text{B.}66)$$

将式（B.66）代入 $mc_{k,t}$ 中，得部门菲利普斯曲线：

$$\pi_{k,t} = \beta E_t \pi_{k,t+1} + \frac{(1-\alpha_k)(1-\alpha_k\beta)}{\alpha_k}\left[\left(\frac{(1-\delta)\varphi}{1+\delta\varphi} + \frac{1}{\eta}\right)c_{k,t} + \right.$$

$$\left.\left(\frac{(1-\delta)(1-\psi\varphi)}{1+\delta\varphi} - \frac{1}{\eta}\right)c_t + \frac{(1-\delta)\psi\varphi}{1+\delta\varphi}z_t - \frac{1+\varphi}{1+\delta\varphi}(a_t + a_{k,t}) - \frac{1}{\eta}d_{k,t}\right]$$

$$(\text{B.}67)$$

（三）数量型货币政策冲击下的部门价格表达式

$$\begin{cases} g_t = -(\phi_{M,\pi}E_t\pi_{t+1}+\phi_{M,c}c_t)+\mu_{M,t} \\ m_t = c_t - \dfrac{\beta}{1-\beta}r_t \\ g_t = (m_t+p_t)-(m_{t-1}+p_{t-1}) \end{cases}$$

$$\Rightarrow g_t = (m_t+p_t)-(m_{t-1}+p_{t-1}) = -[\phi_{M,\pi}E_t\pi_{t+1}+\phi_{M,c}c_t]+\mu_{M,t}$$

$$= -\left[\phi_{M,\pi}E_t\pi_{t+1}+\phi_{M,c}\left(m_t+\frac{\beta}{1-\beta}r_t\right)\right]+\mu_{M,t}$$

$$= -\left[\phi_{M,\pi}E_t\pi_{t+1}+\phi_{M,c}\left(m_t+p_t+\frac{\beta}{1-\beta}r_t-p_t\right)\right]+\mu_{M,t}$$

$$\Rightarrow (1+\phi_{M,c})(m_t+p_t)-(m_{t-1}+p_{t-1}) = -\left[\phi_{M,\pi}E_t\pi_{t+1}-\phi_{M,c}p_t+\phi_{M,c}\frac{\beta}{1-\beta}r_t\right]+\mu_{M,t}$$

$$(1+\phi_{M,c})\left[1-\frac{1}{1+\phi_{M,c}}L\right](m_t+p_t) = -\left[\phi_{M,\pi}E_t\pi_{t+1}-\phi_{M,c}p_t+\phi_{M,c}\frac{\beta}{1-\beta}r_t\right]+\mu_{M,t}$$

$$m_t+p_t = \frac{1}{1+\phi_{M,c}}\sum_{i=0}^{\infty}\left(\frac{1}{1+\phi_{M,c}}\right)^i$$

$$\left[\phi_{M,c}p_{t-i}-\phi_{M,\pi}\pi_{t+1-i}-\phi_{M,c}\left(\frac{\beta}{1-\beta}\right)r_{t-i}+\mu_{M,t-i}\right]$$

$$\Rightarrow [mc_{k,t}-p_{k,t}] = (m_t+p_t)+\frac{\beta}{1-\beta}r_t-(a_t+a_{k,t})$$

$$= \frac{1}{1+\phi_{M,c}}\sum_{i=0}^{\infty}\left(\frac{1}{1+\phi_{M,c}}\right)^i$$

$$\left[\phi_{M,c}p_{t-i}-\phi_{M,\pi}\pi_{t+1-i}-\phi_{M,c}\left(\frac{\beta}{1-\beta}\right)r_{t-i}+\mu_{M,t-i}\right]+$$

$$\frac{\beta}{1-\beta}r_t-(a_t+a_{k,t}) \tag{B.68}$$

（四）价格型货币政策冲击下的部门价格表达式

$$\begin{cases} r_t = \phi_{R,\pi}E_t\pi_{t+1}+\phi_{R,c}c_t+\mu_{R,t} \\ m_t = c_t - \dfrac{\beta}{1-\beta}r_t \end{cases}$$

$$\Rightarrow r_t = \phi_{R,\pi}E_t\pi_{t+1}+\phi_{R,c}\left(m_t+\frac{\beta}{1-\beta}r_t\right)+\mu_{R,t}$$

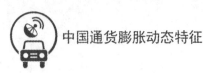

$$\left(1-\phi_{R,c}\frac{\beta}{1-\beta}\right)r_t=\phi_{R,\pi}E_t\pi_{t+1}+\phi_{R,c}(m_t+p_t)-\phi_{R,c}p_t+\mu_{R,t}$$

$$r_t=\frac{1}{1-\dfrac{\phi_{R,c}\beta}{1-\beta}}[\phi_{R,\pi}E_t\pi_{t+1}-\phi_{R,c}p_t+\phi_{R,c}(m_t+p_t)+\mu_{R,t}]$$

$$[mc_{k,t}-p_{k,t}]=(m_t+p_t)-(a_t+a_{R,t})+\frac{\beta}{1-\beta}\frac{1}{1-\dfrac{\phi_{R,c}\beta}{1-\beta}}$$

$$[\phi_{R,\pi}E_t\pi_{t+1}-\phi_{R,c}p_t+\phi_{R,c}(m_t+p_t)+\mu_{R,t}]$$

$$=(m_t+p_t)-(a_t+a_{R,t})+\frac{\beta}{(1-\beta)-\phi_{R,c}\beta}$$

$$[\phi_{R,\pi}E_t\pi_{t+1}-\phi_{R,c}P_t+\phi_{R,c}(m_t+P_t)+\mu_{R,t}] \tag{B.69}$$

其中，$\dfrac{\beta}{(1-\beta)-\phi_{R,c}\beta}<0$。

参考文献

［1］ Artis M J, Bladen－Hovell R C, Osborn D R, Smith G, Zhang W. Predicting turning points in the UK inflation cycle ［J］. The Economic Journal, 1995, 105 (432): 1145-1164.

［2］ 张成思. 中国通货膨胀周期回顾与宏观政策启示 ［J］. 亚太经济, 2009 (2): 66-70.

［3］ 许宪春. 改革开放以来我国经济增长与通货膨胀周期的简要分析 ［J］. 宏观经济研究, 2009 (4): 6-9.

［4］ 张凌翔, 张晓峒. 通货膨胀率周期波动与非线性动态调整 ［J］. 经济研究, 2011 (5): 17-31.

［5］ 沈利生. 经济增长与通货膨胀的周期联动——兼中国的菲利普斯曲线解读 ［J］. 宏观经济研究, 2009 (6): 15-19.

［6］ Enders W, Hurn S. Asymmetric price adjustment and the Phillips curve ［J］. Journal of Macroeconomics, 2002 (3): 395-412.

［7］ Bidarkota P V. Alternative regime switching models for forecasting inflation ［J］. Journal of Forecasting, 2001 (1): 21-35.

［8］ Binner J M, Elger C T, Nilsson B, Tepper J A. Predictable non-linearities in US inflation ［J］. Economics Letters, 2006 (3): 323-328.

［9］ Arghyrou M, Martin C, Milas C. Non－linear inflationary dynamics: Evidence from the UK ［J］. Oxford Economic Papers, 2005 (1): 51-69.

［10］ Nobay B, Paya I, Peel D A. Inflation dynamics in the US: Global but not local mean reversion ［J］. Journal of Money, Credit and Banking, 2010 (1): 135-150.

［11］ 王少平, 彭方平. 我国通货膨胀与通货紧缩的非线性转换 ［J］.

经济研究, 2006 (8).

[12] 赵留彦, 王一鸣, 蔡婧. 中国通胀水平与通胀不确定性: 马尔柯夫域变分析 [J]. 经济研究, 2005 (8): 60-72.

[13] 龙如银, 郑挺国, 云航. Markov 区制转移模型与我国通货膨胀波动路径的动态特征 [J]. 数量经济技术经济研究, 2005 (10).

[14] 刘金全, 隋建利, 闫超. 我国通货膨胀率过程区制状态划分与转移分析 [J]. 系统工程学报, 2009 (6): 647-652.

[15] Weinhagen J. Price transmission within the PPI for intermediate goods [J]. Monthly Lab. Rev., 2005: 41.

[16] Frey G, Manera M. Econometric models of asymmetric price transmission [J]. Journal of Economic Surveys, 2007, 21 (2): 349-415.

[17] 张成思. 随机冲击、货币政策与经济周期波动 [J]. 中国人民大学学报, 2010 (6): 31-39.

[18] 赵进文, 丁林涛. 通货膨胀的宏观经济影响因素分析 [J]. 统计研究, 2013 (12): 69-76.

[19] 胡军, 郭峰, 龙硕. 通胀惯性、通胀预期与我国通货膨胀的空间特征——基于空间动态面板模型 [J]. 经济学 (季刊), 2013, 13 (1): 57-80.

[20] 张文朗, 罗得恩. 中国食品价格上涨因素及其对总体通货膨胀的影响 [J]. 金融研究, 2010 (9): 1-18.

[21] 王振霞. 我国食品价格波动原因及价格稳定机制研究 [J]. 财贸经济, 2011 (9): 113-119.

[22] 赵昕东, 汪勇. 食品价格上涨对不同收入等级城镇居民消费行为与福利的影响——基于 QUAIDS 模型的研究 [J]. 中国软科学, 2013 (8): 154-162.

[23] Alagidede P, Coleman S, Cuestas J C. Inflationary shocks and common economic trends: Implications for West African monetary union membership [J]. Journal of Policy Modeling, 2012 (3): 460-475.

[24] Coleman S. Where does the axe fall? Inflation dynamics and poverty rates: Regional and sectoral evidence for Ghana [J]. World Development, 2012, 40 (12): 2454-2467.

［25］Goodhart C, Hofmann B. Asset prices and the conduct of monetary policy. ［C］. Royal Economic Society Annual Conference 2002, Royal Economic Society, 2002.

［26］徐忠, 张雪春, 邹传伟. 房价、通货膨胀与货币政策——基于中国数据的研究［J］. 金融研究, 2012（6）：1-12.

［27］杜莉, 沈建光, 潘春阳. 房价上升对城镇居民平均消费倾向的影响——基于上海市入户调查数据的研究［J］. 金融研究, 2013（3）：44-57.

［28］刘嘉毅. 房价上涨会拉大城乡收入差距吗?——基于中国经济转型特征下的经验研究［J］. 当代财经, 2013（2）：16-26.

［29］Bernanke B S, Boivin J, Eliasz P. Measuring the effects of monetary policy：A factor-augmented vector autoregressive（FAVAR）approach［J］. The Quarterly Journal of Economics, 2005（1）：387-422.

［30］Sargent T J, Sims C A. Business cycle modeling without pretending to have too much a priori economic theory［R］. Working Papers from Federal Reserue Bank of Minneapolis, 1997.

［31］Foerster A T, Sarte P G, Watson M W. Sectoral vs. aggregate shocks：A structural factor analysis of industrial production［R］. National Bureau of Economic Research, 2008.

［32］王少平, 朱满洲, 胡朔商. 中国 CPI 宏观成分和宏观冲击［J］. 经济研究, 2012（12）：29-42.

［33］杜海韬, 邓翔. 部门价格动态、特质冲击与货币政策——基于结构动态因子方法［J］. 经济研究, 2013（12）：93-105.

［34］Aoki K. Optimal monetary policy responses to relative-price changes［J］. Journal of Monetary Economics, 2001, 48（1）：55-80.

［35］彭兴韵. 中国物价总指数变动中的相对价格调整及其宏观调控含义［J］. 财贸经济, 2009（6）.

［36］顾标, 周纪恩. 中央银行应当关注相对价格的变化吗?［J］. 经济学（季刊）, 2010（1）：149-190.

［37］黄志刚. 资本流动、货币政策与通货膨胀动态［J］. 经济学（季刊）, 2010（4）：1331-1358.

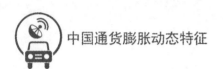
［38］刘斌. 高级货币经济学［M］. 北京：中国金融出版社，2008.

［39］Phelps E S. Inflation in the theory of public finance［J］. The Swedish Journal of Economics, 1973, 75（1）：67-82.

［40］Otranto E. A time varying hidden Markov model with latent information［J］. Statistical Modelling, 2008（4）：347-366.

［41］Lam P S. The Hamilton model with a general autoregressive component［J］. Journal of Monetary Economics, 1990, 26（3）：409-432.

［42］Hamilton J D. A new approach to the economic analysis of nonstationary time series and the business cycle［J］. Econometrica：Journal of the Econometric Society, 1989, 57（2）：357-384.

［43］Kim C J. Dynamic linear models with Markov-switching［J］. Journal of Econometrics, 1994, 60（1-2）：1-22.

［44］Psaradakis Z, Spagnolo N. Power properties of nonlinearity tests for time series with Markov regimes［J］. Studies in Nonlinear Dynamics & Econometrics, 2002（3）：1-16.

［45］Chen S W. Enhanced reliability of latent information Markov switching model in identifying turning points：Evidence from the G-7 conutries［J］. Journal of the Chinese Statistical Association, 2012, 50（2）：71-104.

［46］Hamilton J D, Lin G. Stock market volatility and the business cycle［J］. Journal of Applied Econometrics, 1996, 11（5）：573-593.

［47］Diebold F X, Mariano R S. Comparing predictive accuracy［J］. Journal of Business & Economic Statistics, 1995, 13（3）：253-263.

［48］Otranto E. The multi-chain Markov switching model［J］. Journal of Forecasting, 2005, 24（7）：523-537.

［49］Sims C A, Waggoner D F, Zha T. Methods for inference in large multiple-equation Markov-switching models［J］. Journal of Econometrics, 2008, 146（2）：255-274.

［50］Gelfand A E, Dey D K. Bayesian model choice：Asymptotics and exact calculations［J］. Journal of the Royal Statistical Society, Series B（Methodological）, 1994, 56（3）：501-514.

［51］ Simons H C. Rules versus authorities in monetary policy ［J］. The Journal of Political Economy, 1936, 44 (1)：1-30.

［52］ ［英］Bain Keith, Howells Peter. 货币政策理论与实务 ［M］. 北京：清华大学出版社, 2013.

［53］ Bernanke B S, Boivin J. Monetary policy in a data-rich environment ［J］. Journal of Monetary Economics, 2003, 50 (3)：525-546.

［54］ Dunn E S. A statistical and analytical technique for regional analysis ［J］. Papers in Regional Science, 1960, 6 (1)：97-112.

［55］ Esteban M J M I. A reinterpretation of shift-share analysis ［J］. Regional and Urban Economics, 1972, 2 (3)：249-255.

［56］ Stevens B H, Moore C L. A critical review of the literature on shift-share as a forecasting technique ［J］. Journal of Regional Science, 1980, 20 (4)：419-437.

［57］ Chiang S. The sources of metropolitan unemployment fluctuations in the Greater Taipei metropolitan area ［J］. Papers in Regional Science, 2012, 91 (4)：775-793.

［58］ 蒋媛媛. 中国地区专业化促进经济增长的实证研究：1990~2007 年 ［J］. 数量经济技术经济研究, 2011 (10)：3-20.

［59］ Coulson N. The sources of sectoral fluctuations in metropolitan areas ［J］. Journal of Urban Economics, 1993, 33 (1)：76-94.

［60］ Loveridge S, Selting A C. A review and comparison of shift-share identities ［J］. International Regional Science Review, 1998, 21 (1)：37-58.

［61］ 葛新权. 我国东、中、西部区域偏离——份额分析 ［J］. 开发研究, 1994 (3)：18-22.

［62］ Sims C A. Macroeconomics and reality ［J］. Econometrica：Journal of the Econometric Society, 1980, 48 (1)：1-48.

［63］ Sims C A, Stock J H, Watson M W. Inference in linear time series models with some unit roots ［J］. Econometrica：Journal of the Econometric Society, 1990, 58 (1)：113-144.

［64］ 赵留彦. 通货膨胀预期与粮食价格动态 ［J］. 经济科学, 2007

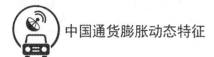

（6）：30-42.

[65] 梁云芳，高铁梅．我国商品住宅销售价格波动成因的实证分析
[J]．管理世界，2006（8）：76-82.

[66] 桂琦寒，陈敏，陆铭，陈钊．中国国内商品市场趋于分割还是整
合：基于相对价格法的分析[J]．世界经济，2006（2）：45-48.

[67] 金中夏，洪浩，李宏瑾．利率市场化对货币政策有效性和经济结
构调整的影响[J]．经济研究，2013（4）：69-82.

[68] 姚余栋，谭海鸣．通胀预期管理和货币政策——基于"新共识"
宏观经济模型的分析[J]．经济研究，2013（6）：45-57.

[69] 张屹山，张代强．我国通货膨胀率波动路径的非线性状态转
换——基于通货膨胀持久性视角的实证检验[J]．管理世界，2008（12）：
45-57.

[70] 张成思．外生冲击、货币政策与通胀持久性转变[J]．管理世
界，2009（7）：26-34.

[71] 刘金全，隋建利．中国货币增长不确定性与经济增长关系检验
（1980—2008）[J]．中国社会科学，2010（4）：74-86.

[72] 张成思．中国通胀惯性特征与货币政策启示[J]．经济研究，
2008（2）.

[73] 王君斌．通货膨胀惯性、产出波动与货币政策冲击：基于刚性价
格模型的通货膨胀和产出的动态分析[J]．世界经济，2010（3）：71-94.

[74] 王君斌，郭新强，蔡建波．扩张性货币政策下的产出超调、消费
抑制和通货膨胀惯性[J]．管理世界，2011（3）：7-21.

[75] 张成思．中国CPI通货膨胀率子成分动态传导机制研究[J]．世
界经济，2009（11）.

[76] 王少平，朱满洲，程海星．中国通胀分类指数的波动源及其性质
[J]．管理世界，2012（8）：5-14.

[77] 王文甫．价格粘性、流动性约束与中国财政政策的宏观效应——
动态新凯恩斯主义视角[J]．管理世界，2010（9）：11-25.

[78] 胡志鹏．中国货币政策的价格型调控条件是否成熟？——基于动
态随机一般均衡模型的理论与实证分析[J]．经济研究，2012（6）：60-72.

［79］薛鹤翔．中国的产出持续性——基于刚性价格和刚性工资模型的动态分析［J］．经济学（季刊），2010（4）：1359-1384.

［80］李成，马文涛，王彬．通货膨胀预期、货币政策工具选择与宏观经济稳定［J］．经济学（季刊），2011（1）：51-82.

［81］渠慎宁，吴利学，夏杰长．中国居民消费价格波动：价格粘性、定价模式及其政策含义［J］．经济研究，2012（11）：88-102.

［82］刘斌．动态随机一般均衡模型及其应用［M］．北京：中国金融出版社，2008.

［83］肖争艳，彭博．住房价格与中国货币政策规则［J］．统计研究，2011（11）：40-49.

［84］黄赜琳．中国经济周期特征与财政政策效应——一个基于三部门 RBC 模型的实证分析［J］．经济研究，2005（6）：27-39.

［85］张军．资本形成、工业化与经济增长：中国的转轨特征［J］．经济研究，2002（3）：3-13.

［86］王小鲁，樊纲．我国工业增长的可持续性［M］．北京：经济科学出版社，2000.

［87］陈昆亭，龚六堂，邹恒甫．什么造成了经济增长的波动，供给还是需求——中国经济的 RBC 分析［J］．世界经济，2004（4）：3-11.

［88］胡永刚，刘方．劳动调整成本、流动性约束与中国经济波动［J］．经济研究，2007（10）：32-43.

［89］张成思．短期通胀率动态机制理论述评［J］．管理世界，2007（5）：133-145.

［90］Fuhrer J C. Intrinsic and inherited inflation persistence［J］. International Journal of Central Banking, 2006, 2（3）：49-86.

［91］Fuhrer J C, Moore G R. Monetary policy trade-offs and the correlation between nominal interest rates and real output［J］. The American Economic Review, 1995, 85（1）：219-239.

［92］Boivin J, Giannoni M P, Mihov I. Sticky prices and monetary policy：Evidence from disaggregated US data［J］. The American Economic Review, 2009, 99（1）：350-384.

[93] Reis R, Watson M W. Relative goods' prices, pure inflation, and the Phillips correlation [J]. American Economic Journal (Macroeconomics), 2010, 2 (3): 128-157.

[94] Carlton D W. The rigidity of prices [J]. American Economic Review, 1986, 76 (4): 637-658.

[95] Cecchetti S G. The frequency of price adjustment: A study of the newsstand prices of magazines [J]. Journal of Econometrics, 1986, 31 (3): 255-274.

[96] Kashyap A K. Sticky prices: New evidence from retail catalogs [J]. The Quarterly Journal of Economics, 1995, 110 (1): 245-274.

[97] Levy D, Bergen M, Dutta S, Venable R. The magnitude of menu costs: Direct evidence from large US supermarket chains [J]. The Quarterly Journal of Economics, 1997, 112 (3): 791-824.

[98] MacDonald J M, Aaronson D. How do retail prices react to minimum wage increases? [R]. Federal Reserve Bank of Chicago, 2000.

[99] Kackmeister A. Yesterday's bad times are today's good old times: Retail price changes are more frequent today than in the 1890s [J]. Journal of Money, Credit and Banking, 2007, 39 (8): 1987-2020.

[100] Blinder A S. Canetti E R D, Lebow O E, et al. Asking about prices: A new approach to understanding price stickiness [J]. Southern Economic Journal, 1998, 15 (2): 424-427.

[101] Rotemberg J J, Woodford M. An optimization – based econometric framework for the evaluation of monetary policy [J]. NBER Macroeconomics Annual, 1997 (12): 297-346.

[102] Woodford M. Interest and prices: Foundations of a theory of monetary policy [M]. Princeton: Princeton University Press, 2009.

[103] Christiano L J, Eichenbaum M, Evans C L. Nominal rigidities and the dynamic effects of a shock to monetary policy [J]. Journal of Political Economy, 2005, 113 (1): 1-45.

[104] Smets F, Wouters R. Shocks and frictions in US business cycles: A bayesian DSGE approach [J]. American Economic Review, 2007, 97 (3):

586-606.

[105] Zhang W. China's monetary policy: Quantity versus price rules [J]. Journal of Macroeconomics, 2009, 31 (3): 473-484.

[106] Woodford M. Interest and prices: Foundations of a theory of monetary policy [M]. Drinceton: Princeton University Press, 2003.

[107] Walsh C E. Monetary theory and policy [M]. Cambridge: the MIT Press, 2003.

[108] Uhlig H. A Toolkit for Analyzing Nolinear Dynamic Stochastic Models Easily [A] //Marimon R, Scott A. Computational Methods for the Study of Dynamic Economies [M]. New York: Oxford University Press, 1995: 30-61.

[109] Suh J E. Two essays on monetary policy under the Taylor rule [D]. Texas A&M University, 2004.

[110] Taylor J B. Macroeconomic policy in a world economy: From econometric design to practical operation [M]. New York: W. W. Worton, 1993.

[111] Chow G C, Li K W. China's economic growth: 1952-2010 [J]. Economic Development and Cultural Change, 2002, 51 (1): 247-256.

[112] Caraiani P. Inflation persistence and DSGE models: An application on romanian economy [J]. Journal of Economic Computation and Economic Cybernetics Studies and Research, 2009, 3 (3): 43.

[113] Negro M D, Schorfheide F. Forming priors for DSGE models (and how it affects the assessment of nominal rigidities) [J]. Journal of Monetary Economics, 2008, 55 (7): 1191-1208.

[114] Ball L. Efficient rules for monetary policy [J]. International Finance, 1999, 2 (1): 63-83.

[115] Jeffreys H. Theory of probability [M]. New York: Oxford University Press, USA, 1998.

[116] Fuhrer J C. The persistence of inflation and the cost of disinflation [J]. New England Economic Review, 1995, issue Jan: 3-16.

[117] Merkl C, Snower D. Monetary persistence, imperfect competition, and staggering complementarities [J]. Macroeconomic Dynamics, 2009, 13

(1): 81.

[118] Christiano L J, Eichenbaum M, Evans C L. Monetary policy shocks: What have we learned and to what end? [J]. Handbook of Macroeconomics, 1999, Volume I, Part A: 65-148.

[119] Carvalho C, Lee J W. Sectoral price facts in a sticky-price model [J]. Available at SSRN: http://ssrn.com/abstract=1633135, 2019.

[120] Mackowiak B, Moench E, Wiederholt M. Sectoral price data and models of price setting [J]. Journal of Monetary Economics, 2009, Volume 56, Supplement: S78-S99.

[121] Calvo G A. Staggered prices in a utility-maximizing framework [J]. Journal of Monetary Economics, 1983, 12 (3): 383-398.

[122] Christiano L J, Eichenbaum M, Evans C L. English [R]. National Bureau of Economic Research, 1998.

[123] Lee J W. Heterogeneous households, real rigidity, and estimated duration of price contract in a sticky-price DSGE model [R]. mimeo available at http://econweb.rutgers.edu/jwlee, 2007.

[124] Farmer R E A. Money in a real business cycle model [J]. Journal of Money, Credit, and Banking, 1997, 29 (4): 568-611.

[125] Dhyne E, Alvarez L J, Le Bihan H, Veronese G, Dias D, Hoffmann J, Jonker N, Lunnemann P, Rumler F, Vilmunen J. Price setting in the euro area: Some stylized facts from individual consumer price data [J]. Journal of Money Credit & Banking, 2012, 44 (8): 1631-1650.

[126] Adjemian S, Bastani H, Juillard M, Mihoubi F, Perendia G, Ratto M, Villemot S. Dynare: Reference manual, version 4 [R]. Dynare Working Papers, 2011.

[127] Blanchard O J, Fischer S. Lectures on macroeconomics [M]. Cambridge: MIT Press, 1989.

[128] Gali J, Gertler M. Inflation dynamics: A structural econometric analysis [J]. Journal of Monetary Economics, 1999, 44 (2): 195-222.

后　记

　　这本书源于我的博士论文，在此谨向所有关心、支持、帮助我的师长、同学和家人致以深深的谢意。感谢我的导师胡日东教授的悉心指导，感谢华侨大学苏梽芳教授、台湾东海大学陈仕伟教授和台湾中原大学姜树翰教授给予我的点拨和释疑。

　　在书稿撰写过程中，我得到了国家自然科学基金资助（项目编号：71663026）、江西社会科学基金资助（项目编号：15YJ11）、中国博士后基金面上项目资助（项目编号：2015M571981），在此一并感谢。

　　在整理此书期间，我正在美国佐治亚州立大学商学院做访问学者，使我能够远离纷扰。为此，要感谢彭亮教授的邀请以及他为我研究工作创造的条件。

　　当然，本书中所有的观点属于笔者本人，书中存在的错误和缺陷由笔者本人负责，请学界同仁不吝赐教。

廖　迎

2019 年 9 月